岩宮恵子 著 Iwamiya Keiko

思春期心性とサブカルチャー

現代の臨床現場から見えてくるもの

tomi shobo
遠見書房

はじめに

スクールカウンセラーが派遣され始めた一九九五年から、学校現場で子どもたちと会う機会をもらってきた。当時、中学生として学校で会っていたクライエントと、思春期の子どもの親として再会することもある。あの思春期だった子が、もう思春期の親になっているのか！ と驚く。

そのような時間の流れのなか、スクールカウンセラー先で会う子どもたちに、変化があるのか……と考えると、まず、相談の背景にネットの問題が存在する割合が年々増えてきていることがあげられるだろう。今は、ほとんどの相談の裏側にはネットの問題が潜んでいるといってもいいくらいだ。また神経発達症（発達障害）の傾向があるのかどうか、その場合の支援と理解の方向性について考えることが圧倒的に増えてきた。

そしていわゆる神経症的な悩みを抱えている子の割合が減ってきたように感じる。いや、そうは言っても家族のことや友人関係で悩み、自己嫌悪に苛まされ、自分のことをどう考えていいのかわからなかったり、実際にそれで症状が出てきたり……という子たちも、もちろんいる。そういういわゆるじっくり気持ちを聴くことが重要になっている子どもたちも変わらず存在しているが、それ以外の対応を求められることが増えてきているから、悩みをしっかり語る子の割合が減っているように感じるのだろう。

島根大学こころとそだちの相談センター（以下、相談センター）が私の臨床の中心であるが、そこでの来談者は、相談料金がかかることもあって、学校現場と違ってある程度は来談の意志がはっきりしていることが多い。それでもやはり来談してくる子の全体的な雰囲気は変わってきている。

その場その場での感情は動くものの、その感情についてあとで振り返ることができにくく、面接で継続的に積み上げていくようなプロセスが難しくなっている子も増えてきているのは確かだろう。客観的に見ると苦しい状況だと思うのに、本人は悩む気配もなかったり、たとえ困っていても何に困っているのかまったく言語化できなかったりする子も多い。

たとえば養護の先生などに、怒濤のように親への不満や友人の悪口を吐き出している子に、「だったらその悩みをスクールカウンセラーに話してみたら」と勧めても、「そんな人に、話すことないし……」と、断るパターンもよくある。自分のこころを大きく揺さぶるそのあれこれを「悩み」として捉えることをしないのだ。自分のなかに溜まった感情の灰汁《あく》を、その場ですぐに吐き出してしまうことだけがその子にとっては必要なのである。出してしまったらもう振り返らない。新たな灰汁はすぐに溜まるが、それをまた悪口として吐きだして終わる……ということを繰り返している子もけっこういる。また反対に、言葉にして誰かに救いを求めることなど決してできず、身を潜めている子もいる。このようなことの背景には、深刻な家庭環境が窺えることもある。

このような状況が増えてきているからこそ、面接室のなかでじっくりと話を聴くことよりも、環境調整など現実への働きかけが重視されるようになっているのだろうし、コンサルテーションに時間をかけた方がいいという流れが中心になってきている理由もよくわかる。

私自身がスクールカウンセラーとして学校に入るときにも、その子をどう理解し、どうかかわるといいのかという指針を先生たちと一緒に考え、共有してその子にとって一番、適切な環境を作っていくことを目標とする事例が増えてきている。相談センターの相談でも、相談者の周囲の人たちとのコンサルテーションが必要となることが増えてきているし、それをしないことには、まったくどうにもならないことも多い。カウンセリングのなかだけで、内的な問題に同伴していく場合ももちろんあるが、その割合は減っている。

では、子どもたちに会う機会が減っているのかというとそうではない。実際に学校現場にかかわっていると、その第一歩として、「ぜひ、まずは本人に会ってほしい」と子どもとの個別面接を設定されることが多い。そして、その面接での感触を踏まえたうえでの実践的な働きかけの手段を求められるのである。

こういういきさつもあって、コンサルを中心にと言われるスクールカウンセラー業務でも、けっこう多くの思春期の子どもたちと継続的に会うチャンスをもらっている。そして自分からの希望ではなく、強制的に面接に来させられてしまった子どもたちとも数多く出会っている。

まったく悩んでなさそうに見えていたけど、実際、じっくり話してみるとさまざまな困難について自覚していて問題意識をもっていることがわかることもある。その一方で、「ほんとうは悩んでいるのにそれと悟られないように防衛しているのではないか」という読みがまったく通用しないタイプの子どももいる。解離しているのか、悩む力が育っていないのかは子どもによってそれぞれであるが、そういう子たちは自分の（一般社会通念から見ると不適切な）言動に対して制限や指摘を受けることがもっとも嫌なことになっているので、悩みといっても注意をしてくる周囲のオトナやクラスメイトに対する批判に終始することも多い。何度会って話を聴いても、いつでもどんなことでも全部、周囲が悪いことになり、内省とか反省とかの回路がなかなか生まれないこともある。

そんな子たちと会うときには、彼らが少しでも関心を持っているところからつながっていくという、思春期臨床の王道を進みながらなんとか回路を見つけていくしかない。道が閉ざされて困ったときには、やはり王道に戻るしかないよなあ……と痛感する。そしてそれは今現在の臨床でも変わりない。

しかしこちらがいろいろと関心があることとか、好きなことやものについて質問をしても、無理矢理、面接室に送り込まれてくる子たちは、「わかんない」「さあ……別に」「いろいろ」というような単発の言葉しか出てこないことも多い。関心のあるものについての話をさまざまな角度から具体的に質問していっても、一問一答での会話に終始し、火消しツボに言葉を投げ入れていくような広がりのない時間を積み重ねていくしかないこともある。でも、こちらからいろいろ質問していくのを嫌がっているというよりも、どちらかと言うと、嬉しそうにしている様子からは、他者とちゃんと向かい合って話をする体験自体が少なかったのだろうなと感じる。この子のそばには、この子の話に耳を傾けようとする大人がいなかったのかもしれないなと思うこともある。

そんなコンクリートを耕すような臨床を繰り返すなかで、ほんのちょっとずつ生み出されてくる共有のイメージを追い求めていくことに全力をあげていると、やがて彼や彼女たちのなかに「興味のあるもの」「関心を強く引きつけられるもの」が芽生えてきて、そのことについて面接室で語られるようになることがある。自分が興味をもっていることについて初めて言葉にして伝えてくれた時の感動たるや……！

さて、昨今は「推し活」という言葉が人口に膾炙し、「自分探し」よりも「推し探し」という様相を呈している。面接でも「推しはいる？」という問いかけをすると、スムーズに答えてくれることも多い。そして『サブカルチャーのこころ――オタクなカウンセラーがまじめに語ってみた』（笹倉・荒井編、二〇二三）など、面接場面で語られるアニメ、ゲーム、漫画などについて、臨床の視点から幅広く紹介している、すばらしく役立つ著作も出てきている。

ところでこの本の原稿の元になったものは二〇〇九年から二〇一八年まで遠見書房の『子どものこころと学校臨床』で連載されたものに、金子書房の『児童心理』に掲載された文章を加えたものである。当時の「今」を書いたものなので、先の『サブカルチャーのこころ』に比べると、話題が古くなっているのは否めないし、今の感覚からすると、少しズレているかも……と思われる部分もある。

でも、思春期臨床の根っこの部分は時間がたっても共通しているからと、遠見書房の塩澤さんと山内さんに励まされ、必要に応じて加筆修正を行い、その後も考え続けていたことや、何か付け加えた説明が必要な章の最後には、現在の視点からのコメントをつけ、掲載当時と「今」を少しでも結びつけるようにした。

ああ、そう言えばその話題、子どもから出てきたことがあったなあとか、自分もあの頃、同じようなことを考えていたなあ……などと思い出しながら読んでいただけたらと思う。そしてそれが今の思春期を理解しようとする方たちの気持ちを少しでも後押しするきっかけになればと願っている。

なお、事例として紹介しているものは、個人が特定されないように細部に変更を加えたり、いくつかの似ているところがある事例を合わせてひとつに構成しなおしている。

岩宮恵子

付　記

本研究は、インフォメーション・ディベロップメント・ホールディングス社からの次世代育成のための研究助成を受けました。

目次

目　次

思春期心性とサブカルチャー

第1章　魔法少女の破壊力

――誰かの幸せを祈ったはずなのに、誰かを呪わずにいられない――

〈真面目な子の感情爆発〉

思春期の感情の乱高下が及ぼす破壊力はすさまじい。今さら何をそんな当たり前のことを……と言われそうだが、やはり感情を爆発させている思春期の子たちを目の当たりにすると、その莫大なエネルギー量にはその都度、驚かされる。

こんなことがあった。生徒会長の女子が、そこら中にある資料やノートを破り捨てながら、「もう、いやあああああ！」と、大声で泣きわめき、その場にしゃがみ込んで過呼吸になったのである。ドン引きする子も多いなか、そのあまりの迫力に巻き込まれて「ごめん！　力になってあげれなくてごめん！」と駆け寄って肩を抱え泣き出す女子も続出し、生徒会室は阿鼻叫喚の渦になった。それほどの感情爆発を引き起こすだけの、どんな事件があったというのだろう。

実はそのときは生徒会で体育祭をどうするのかという議題について話し合いをしているところだった。ちなみに、最近の生徒会は品行方正の優等生でリーダーシップのある子が構成員になっていることばかりではない。学校によっては、目立ちたいからとか、内申書に有利だからというような理由で生徒会に入っている子もいる。生徒会の執行部という責任を負うという発想はまったくなく、ただ行事のときに前に出たいだけの子たちの集まりになってしまっていることもあるのだ。

この学校の生徒会にもそういうひとたちが半数以上いた。その影響力に引きずられて、他の子たちも好き勝手に無責任な文句を言うばかりで、良い方向にまとめていこうという意志が出てこない。やる気がまったくない男子の一群はふざけて遊んでるし、女子も私語ばかりして、本題に入ってくれない。それを必死に調整しようと、生徒会長であるその真面目な女子は、「みんなー！　静かにしてください！　ちゃんと決めようよ！　大事なことなんだから！」と何度も頼んでいた。それなのに誰もそれに従わず、「うるせーな！」「だいたい、おめーはウザイんだよ」などと睨んでくる男子も出てきて余計に事態は混乱した。その挙げ句の爆発だったのである。

え？　そんなことで普段は問題ない子がそこまでの大爆発……？　何かその子に特別な事情でもあるのでは？と考える向きもあるかもしれない。しかし「みんなで力を合わせていい体育祭にしたいから私は精一杯がんばる」という願いが、「でもみんながめちゃくちゃにしてしまった」という絶望にまで一挙に変化するとき、社会的な振る舞いの閾値が突然ドンと下がり、人目をはばからない感情の大爆発につながることは思春期では十分にありうる。こういうときに落ち着いた対応をして格の違う器の大きさを見せてくれる子もいるにはいるが、結局、教員が全面介入して事務的に進めるしかないことも多い。

さて、この時は、普段はとてもしっかりしていて配慮のある知的な子があれほどの感情失禁をみんなの前で見せたことで、ほとんどの子が完全に圧倒されてしまい、彼女に対して全力フォローせざるを得ない状況になった。そしてその後は、文句を言わずに粛々と体育祭の準備へと向かっていったのである。ある一面から見ると、その女子の感情爆発の破壊力が、集団をバラバラにしていたやる気のなさにエネルギーを注ぎ込んで、ひとつの大きなプラスの流れを作ったとも言えるだろう。しかし、これはそれまでのその子の人望が篤かったのと、一回きりの大爆発だったから功を奏した部分があったのだ。これが「私はみんなのためを想っているのに、みんなは私の言うことを全然聞いてくれない」というネガティヴな想念に支配されるようになると、もともとは願いという希望の祈りであったはずのものが、いつのまにか呪いに転換されることになり、感情の爆発の度に、周囲にマイナスの影響が波及するし、その子自身も損なわれてしまう。

〈『魔法少女まどか☆マギカ』から考える〉

さて、ここで『魔法少女まどか☆マギカ』（新房昭之監督、毎日放送ほか、二〇一一年放送）である。このアニメは、中学二年生を中心とした少女たちの物語であるが、主人公たちと同年齢の中学生女子からは今のところまったく話題に出てきたことがない（たまたま、私が会っている人たちから出てきていないだけだと思うが……）。一方で、大学院の女子学生や、二十代、三十代のクライエント（男女ともに）などからは、「魔法少女ものとは思えない出来」「セカイ系を超えた作品」「トラウマになるほどの感動」だからぜひ見た方がいいと、まるで「全米が泣いた！」レベルで勧められることが重なった。ネットでの評判をチェックしてみても、評論家からの評価もかなり高い。それなのに（くどいが、たまたまだとは思うが）これだけ中学生と会っているのに、同じように時間のループと友情が扱われている『ひぐらしのなく頃に』と比べて、この作品のことを話す子が皆無なのはなぜなのだろうか。その謎についてはまだ解けないままであるが、まず、この作品について少し紹介しよう。

主人公のまどかは、どこにでもいるふつうの中学生だが、ある時、地球外生命体のキュウべえ（かわいいウサギのようなキャラである）に、「魔法少女」になることを求められる。「魔法少女」の契約をキュウべえとすると、どんな願いでもひとつだけは叶うのだ。が、それと引き替えに「魔法少女」になると、自然災害の形をとって人類に悪影響を与える「魔女」と、異次元で身体と命を張って闘う使命を負うのである。実際、魔法少女のマミは、闘いの最中に上半身を魔女に喰われて死んでしまう）。

望みを叶える代わりに魂をとられるというトラッドな悪魔との契約もののパターンを踏んでいるのだが、ここに出てくる少女たちは、少女ゆえに、お金や権力のような外的なペルソナの獲得を求めることはなく、あくまで他者との関係性を中心に置いて、自分にとっての大切な他者が幸せになることを交換条件として強く望むのである。そこには自己犠牲の要素が入っている。

まどか以外の登場人物もすべて中学生の女子であるが、全員、誰か自分以外の他者を救うために、「魔法少女」になっている。しかし、まどかだけは、ほむらという魔法少女から、きつく、キュウべえとは何があっても絶対に契約を交わさないように止められていることもあって、魔法少女になることを躊躇しつつ物語は進んでいく。

そのなかで、「魔法少女」が自分の魂（アニメのなかではソウルジェムといって魂を実体化した宝石のようなものとして表されている）のなかに穢れをため込むと、その結果「魔女」という異形のエネルギー体になって人類に仇をなしてしまう存在になるのだということが明らかになっていく。そうなのである。「魔法少女」が成長し、魂が穢れていくと「魔女」になるのだ。うーん。少女が大人になることを恐怖する感情を（特に拒食など)、こういう形で現している部分もあるのかも……とも思うし、成熟した未来の自分との闘いというテーマもこの魔法少女のなかには含まれているのかもしれないとも思うが、今回は、その切り口よりも、別の角度から考えてみたい。

キュウべえたちの文明では、生命体が感情を持つことはないらしい。しかし彼らは「知的生命体の感情をエネルギーに変換するテクノロジーを発明」したらしく、そのなかでも「とりわけ最も効率がいいのは第二次成長期の少女の希望と絶望の相転移」なのだということがはっきりしているのだそうだ。実はキュウべえは、宇宙にエネルギーを供給するために地球に来ている。思春期の少女に対して、願いを叶えるという希望を与え、その後生まれてくる絶望で魂が穢れる瞬間に起こる感情エネルギーを、宇宙の存続のために回収しているのである。

そして、このアニメのなかで繰り返し出てくる言葉が、「誰かの幸せを祈ったぶん、他の誰かを呪わずにはいられない」というものである。そして魔法少女のひとりであるさやかは、その言葉に続けて「わたしたち魔法少女ってそういう仕組みだったんだね」とつぶやき、一挙に異形の魔女になってしまう。

希望と絶望。祈りと呪い。思春期の少女がこの感情の両極を行き来する際に生じる感情のエネルギーは、宇宙のエネルギー問題を解決するほどの膨大なものとしてこのアニメのなかでは描かれている。うーん。確かに。思春期の感情の落差によって生じるエネルギーが電力に変えられたら、一日に何度もその落差が生じて非常に発電効率のいい子も多いし、今世界が直面しているエネルギー問題も一挙に解決するだろう。

さて、文頭に紹介した事例であるが、「私はみんなのためを想って（これだけの犠牲を払って）いるのに、みんなは私の言うことを全然聞いてくれない」という思考に思春期の純粋な少女ははまりやすい。これは、「誰かの幸せを祈ったはずなのに、誰かを呪わずにいられない」という状況に陥りやすいということである。もちろんこれは、みんなのためを想っている「私」が傷つけられるのがきついから、その想いを叶えてくれない誰かを呪うことになってしまっているという部分もある。一見、自己犠牲のように見えて、実は強い他者依存がそこにはあるという矛盾も、思春期ではよくあることだ。このような祈りと呪いの落差が何度も何度も繰り返されると、この矛盾がソウルジェムを穢し、魔法少女を苦しめることになる。思春期の真面目でまっすぐな少女ほど、この魔法少女の仕組みに乗っ取られる危険性が高いといえるだろう。

〈魂と身体の解離が及ぼすもの〉

またこのアニメのなかでは、ソウルジェムという形で、実体化された魂が取り出されていると、生身の身体は苦痛をそれほど受けずにすむという設定になっている。魔法少女として闘うときには、腹に槍が刺さったり、爆発に遭ったりと、生身であれば激しい痛みに苦しみ、のたうち回るはずの怪我をしても闘い続けることができるのだ。それをキュウべえは、「戦いで生き延びていられたのは強すぎる苦痛がセーブされていたからさ。君の意識が肉体と連結していないからこそ可能なことなんだ」と説明する。

実際、中・高校生の女子のなかには、ソウルジェムという形で実体化はしていないものの、魂を解離し、意識が肉体と連結しないようにしている子たちがいる。激しい過食嘔吐や、きついリストカットなどは、ほんとうに意識と肉体がつながっていたら、到底、毎日続けることなど不可能だろう。

また、今カレ（今つきあっている彼氏のこと）とたまたま連絡がつかなかっただけなのに、嫌われたのではないか、別のひとと浮気をしているのではないかと疑心暗鬼の絶望の奈落に落ち込み、誰でもいいから会ってくれる男性をネットでの出会い系で探す子がいる（実はけっこう、こういう不安定な子は多い）。そして、今すぐに会ってくれるというのなら、どんな相手かも吟味しないまま、一緒にいてくれる代償として、まったく本意ではなくても、身体くらいならお安い御用とばかりに、すぐに肉体関係をもってしまう。そしてその相手といるときに、今カレから「ケータイ電源落ちてた。今どうしてる？」などと連絡があったりしたら、もう嬉しくてたまらず、さっきまで関係をもっていた相手を適当にいなして、今カレに電話をし、一気に幸せのテンションが最高潮に高まるのである。さっきまで自分が絶望の淵でしていたことと、この感情の落差を、まったくコントロールできないのだ。

「好きなのは今カレだけだけど、寂しいと、もうどうしようもなくなる。自分のこと、ヤバイなって思うけど、その時はどうしようもない」とそういう子は言う。そして「自分ってすごく穢れてると思う。こんな穢れてる自分は幸せにはなれないと思う」と、自分にも、自分の未来に対しても倦んでいる。こういう子とじっくり話していると自分のことよりも、いつも相手のことを大切に想い、自分の存在よりも自分が大事にしたい相手の存在のことを重く考えているのが伝わってくる。

魂であるソウルジェムは、そのように相手を想う意識を持っていても、魂と切り離された身体は、淋しさを埋めるためのツールとして簡単に使われてしまう。でもいくらツールだからと言っても、絶望の感情に引きずられて身体を使ってしまうとソウルジェムが穢れることを、しっかりと本人はわかっているのである。でも、どうしようもないのだ。

こういう形で「魔法少女」を生きているクライエントと会うときには、ソウルジェムの穢れを少しずつでも祓えたらと祈る想いでいる。しかしどんなに現実的な守りを固めるように動いても、そして祈りを込めて会っていたとしても、そう簡単に現実は変わらない。いくら止めても寂しい絶望の感情に襲われたからという理由で、すぐに危険な場所へと赴いてしまうそのあまりの変わらなさに、「どうして私の言うことが聞けないの」という呪いの感情に逆転してしまうような罠にはまらないように治療者は常に自戒しなくてはと想う。『ひぐらしのなく頃に』と構造を比較して、同じ時間軸を何度もループすることと、友情という視点からもうちょっと考えてみたい。

（初出・二〇一二年八月）

追記

魔法少女という、愛らしいネーミングがついたアニメは他にたくさんあるが、恐ろしい魔女は、魔法少女の魂が穢れて大人になったものなのだということをこのような形で示したのはこのアニメが初めてだったのではないかな……と思う（違っていたらすみません！）。

自分の未来が、恐ろしい魔女になることだと知って生きていくというのは、なかなかにヘビーだ。たとえ美魔女などと「美」がついていたとしても、魔法少女が大人になった姿だと考えると、何だか闇も含んだ言葉で奥が深いな……と思う。

あれからもこの作品について語る思春期の子とは結局出会わなかった。そのかわりと言ってはなんだが、年齢層が上の人たちからは最近になってからも話題に出ることがある。

ソウルジェムが穢れて魔女になってしまうという設定は、実際に魔女の年齢になってからのほうが（男女関係なく）刺さるのかもしれない。

第2章 残酷だけど、泣ける

――ひぐらしのなく頃に――

〈母親面接でも話題になる作品〉

　第1章では、思春期の面接のなかで語られることがなかった『魔法少女まどか☆マギカ』について考えてみた。この章では、面接のなかでよく話題に出てきていた作品、『ひぐらしのなく頃に』について紹介しよう。

　これは、山村の連続怪死事件の謎解きゲームであるが、最初は一般発売されていない同人のゲームだった。その物語のなかで起こっている事件の犯人についての推理がネットでさかんに論議されるようになったことから爆発的な人気を博し、小説化、アニメ化、漫画化、プレイステーション2でのゲーム化、映画化などメディアミックス展開したものである。この作品のなかには、鉈やバットで人を殴り殺すシーンや、主要登場人物である小学生女子が、内臓を引きずり出されて惨殺されるシーン、転落死で血まみれになるシーンなど残虐シーンがこれでもかこれでもかと出てくる。以前、一六歳の女の子が、父親の首を斧で切り落として殺害したという事件があったとき、この作品の影響があったのではないかと騒がれて、一部でアニメが放送中止になったこともある。

この作品の話題を出す中高校生は何人もいたが、それほど内容について詳しく語られることもなく、特にインパクトがあるものとして話題にでてきたわけではなかったので、たくさんあるアニメや漫画のなかのひとつとしてしか捉えていなかった。しかし主訴を持たないままに面接場面に来ていた（来させられていた？）子が、いきなりあるときに「ひぐらし、すごくいい」「泣ける」という話題を出してきたのである。

他の子からは、とにかく残虐シーンが多いことを耳にしていたので、かなりホラー色の強いものなんだなあ……と思っていた。それなのに、泣ける？　泣けるって感動するっていうこと？　それはどういうことなんだ？と、驚いた。しかし、そのことについて伝わるようにその子は話すことができない。「とにかく、泣けるから〜！　見て！」としか言えないのだ。そうしたところ、他の面接室で会っている子からも、「ひぐらし感動する。マジ、泣ける」という話題が出てきた。また親面接でも、「どうしてもこれを読んでほしい。感動して泣けるからって子どもが『ひぐらしがなく頃に』という漫画を差し出してきたけれど、ちらっと見ただけでも恐ろしい漫画でとても読む気がしない」という話題が、たまたま数人の母親から出てきたのである。

〈多層的な構造をもつ物語〉

ここまで重なったのならこれはもう読むしかないと、小説と漫画を大人買いして一挙に読んだ（ちなみに小説で一三冊、漫画だとまだ終結してないが二十冊以上の分量になる。とにかく長い）。そして、感動の基本にある曲として、「毎日、何回も聴いてる」という子がいる「you」というテーマ曲をニコニコ動画やYou Tube

で確認し、アニメも数回分チェックした。すると、この作品の構成の複雑さに驚くとともに、保護者からの虐待、狭い共同体のなかで生きる息苦しさ、友人を信じたいけれど信じ切れない悲しさ、疑心暗鬼になる自分の心との闘いや、自分の言動で誤解を受けて一番信じて欲しい人に信じてもらえない慟哭などがテーマになっていることがわかってきた。

　そして、あれほど勉強に向かう気がしない子が、アニメを見るだけでなく、こんな複雑な構造をもつ小説を繰り返し読んでいるのかと、物語の力が子どもをひきつけている事実に感動した。

　アニメだけ見ているのか、小説にコミットしているのか、それとも漫画なのか、ゲームなのか、しかも謎がどの程度解明されたところまでこの子はわかっているのかということを知ったうえで、事細かに質問をして話を聴いていって初めて、どの時点での「感動」なのか、どのポイントで「泣ける」と言っているのかがわかってくる。何せ、最初の「鬼隠し編」での疑心暗鬼や裏切りの意味がある程度、解明されるためには、かなり先の物語まで読み進んで、それを総合しないとわからないのである。そして謎は謎を呼び、どこへ行き着くのかが見えないなか、物語はどんどん多層的な構造になっていく。

　すべての謎が明かされた後の最終的なテーマとしては、運命は変わらないものだと諦めてしまうと、どんどん自分が損なわれてしまうし、大事な人たちもすべて無残に失われてしまう。どんなにひどい保護者のもとで育たなくてはならなかったとしても、友だちとの友情さえ心から信じることができたなら、そして自分でしっかりとした意志を持つことができたなら、悲劇は起こらない……というような未来に向けてのメッセージが含まれていることがわかってきた。こんなふうにまとめてしまうと、今までにもたくさん存在しているトラッドな愛と友情の物語とそう変わらないように思われるが、このようなストレートなメッセージが最終的に心の深くに届くためには、その前段階として、非常に極端な設定を必要とする子どもたちもいるのである。

そして、アニメを数回分見ただけで何となくこの作品がいいと言っている子と、小説やゲームで総合的な内容を知ったうえでいいと言っている子とは、そこで得られた感覚がまったく違う。この物語のなかにどっぷりとはまり込み、この世界観のなかに入ることができた子は、大げさな言い方をすれば、今まで自分では感じることのなかった「喪失感」や「罪悪感」を体感できるようになってきているのだ。失われた大切なものを惜しむ気持ちや、悪かったと反省する感覚などがまったく見られなかった子に、そのような感覚が生まれてくるきっかけを、この物語が提供していることもある。

面接内での会話が、この『ひぐらし』一色になり、それによって変化がうながされる流れを経験すると、これって、結局は、イメージを用いたトラッドな思春期の心理療法になっているなあと思う。ただ、そのイメージと物語の泉に至るまでのケモノ道が（王道のはずなのに！）かなり険しいのは確かである。そして面接内の一対一の閉じられて守られた関係のなかだけで物語の世界を生きているだけでは、その子自身の学校生活を支えることにはなりにくいことを意識しつつ、その面接内で得た情報を、治療者のなかを一度くぐり抜けた別の物語に還元して周囲に伝えていくことが学校現場では求められている。

面接場面で『ひぐらし』について語るようになった子に、あなたが『ひぐらし』を好きなことを担任の先生に話していいかと確認すると、すべての子がOKしてくれた。そして先生との連携の場で、『ひぐらし』の概要を説明し（あくまでざっくりと……ではあるが）、今、どのポイントでその子が感情を動かすようになっているのかを伝えて現実状況とのすりあわせをしたこともあった。そうすると先生たちと何かその子の核心を大事にしながら共有できている感覚もある。こういう話題でつながることができる学校現場は、子どものこころを大切にしていこうという余裕をもつことができる管理職がおられるのも特徴的だな……と感じている。

（初出・二〇〇九年八月）

追　記

この後も、けっこう長らく『ひぐらし』の話題は出続けていた。改めて考えたことを付け加えてみたい。

この物語のなかで一番、注目したいのは、自分の考えとか、自分自身がないままで生きていることによる弊害をきちんと描いていることだと思う。

まず、自分がないままで生きていると、たとえその瞬間瞬間は、人とつながれたような気がして楽しいことなどがあったとしても、何かのきっかけで激しい暴力の器として乗っ取られると、周囲の人々を虐殺するような化け物になってしまうという筋が読み取れる。そしてもうひとつ、被害者の立場を常に生きざるをえない人が、完全に諦めて自分のことをすべて他人任せにしていると、悲劇の連鎖を断ち切ることができない世界を招くことになるという流れも読み取ることができるのだ。この両面がしっかりと描かれているのである。

毎回、同じ悲劇が同じ時間軸のなかで繰り返されるのだが、登場人物たちはいつもそれを初めてのこととして体験している。つまり、どんなにそこで殺戮による恐怖や、考えられないほどのバッドエンドの事態に苦しんだとしても、その体験は積み重ならず、まったく解離されている。多層的な現実はどこまでもパラレルであり、交差しない。重層的な厚みとして、深みをもたらすことはないのだ。ところが、ある一人の男子が、何度かその『ひぐらしのなく頃』の時間を繰り返したときに、ふと、既視感を覚える。この既視感こそが、多層的な現実を縦につなぎ、深度を与えるきっかけとなっていくのである。こんなことはあり得ない「奇跡」であると、この物語のなかで語られる。

どんなにひどいことをしていても反省もなく、罪悪感も持ち得ない子の感情の解離のなかには、こういう多層的な現実がパラレルに存在しているような感覚もあるのではないだろうか。限定された時間軸に閉じこめられているため、どんなにその瞬間は後悔をしても、出来事が終わりきると、すぐにその出来事が起こる前の時にワープしてしまうので、すべて忘れてしまう。その感情体験を活かすことができず、自分も他者も苦しめる失敗を反省もなく繰り返し、その記憶は残らない。起こったことやしたことが同一時間軸のなかでブチブチと切れてしまうため、一瞬前の自分のことすら自分の責任ではないとする解離よりも、もうひとつ難しい構造がそこにはあるような気がする。

このような構造のなかで生きている子が、出来事や感情を解離せず、これは自分のしたことであると引き受けることができるためには、まるでパラレルワールドの隙間から見えた一瞬の光景に既視感を覚えるような「奇跡」が必要なのかもしれない。

この作品のなかでは、ひとりの男子のなかに起こったその「奇跡」に動かされて、ある登場人物が、この悲惨で残虐な一連の流れに対し、諦観するのではなく、主体的に関わることを決意したときから、運命の輪が変化し始める。トラウマポイントにいつもワープして、閉ざされた時間軸で繰り返されていた物語が先に動き出すのである（これはかなり物語の後半部分である）。

中高校生と話をしていると、この物語の泣けるポイントというのは、登場人物が、大事な人たちを自分の猜疑心から殺してしまったことに深く後悔して、自らも死を望むほどに罪悪感に苦しんでいる場面や、それとは逆に、登場人物が主体性に目覚めて、自分がしっかりとこの事態に関わらねばと決意する場面（それは仲の良かったひとと一時的に敵対してしまうことになっても）などであることがわかってきた。

連載当時の文章でも述べているが、この物語のなかにどっぷりとはまり込み、この世界観のなかに入ることができた子は、大げさな言い方をすれば、今まで自分では感じることのなかった「喪失感」を少し体感できるようになってきているように思うのだ。そして、その「喪失感」の体感と、その子自身の主体がはっきりしてくることとはしっかりと結びついて起こっているのがわかる。

最初から「欠落」していたら、何の感情も動かない。最初から存在を意識していないものの不在を嘆くことはできないのである。この物語でも、友人を失っていない幸せな過去に何度戻ったとしても、失ってしまったという記憶が欠落しているため、「喪失感」はそこにない（「奇跡」が起こるまでは）。

一度手に入れたものを失うという「喪失感」は、大きな感情をもたらす。かけがえのない友情を得たのに、自分の弱さゆえに、猜疑心と暴力に乗っ取られてそれを失うというプロセスをこの物語では繰り返し体験する。「主体」がないがゆえの悲劇を、この物語からは強烈に感じるようになっているのである。

思春期の「主体」は、自分に与えられていたギフトを失ったときの「喪失感」に気づくことをきっかけに生まれることも多い。しかし、現在の思春期の子たちが、主体を立てるためのムーヴメントになりうるほどの「喪失感」を得るためには、そこに至るまでに、大きな力でぶつかり合うような、暴力的で圧倒的なイメージ体験が布置されることが必要になっているように思う。

このプロセスを残虐なシーンに圧倒されるような作品にのめり込むことで得ようとしている子もいるが、実際に起きている事件に深くコミットすることでイメージ体験している子もいる。日常を破壊されるような無差別殺傷事件に異常に関心を持ち、その殺人者を「神」などとしてコミットしている子がいる一方で、あの無差別殺人事件の被害者に自分がなっていたらよかったのにとイメージしている子もいる。この子たちは、決して殺人をすることや、殺されてしまうことに憧れているわけではない。怨恨とか金目当てというような現実的な動機での殺人などにはまったく関心をもたない。圧倒的で理不尽な暴力によって、日常が破壊されるというレベルのイメージ体験に強くひかれているのである。

たいていの場合、このようなイメージ体験は、何もその本人の変化をもたらさず一過性の暗い興奮で過ぎ去ってしまうが、時に単純に模倣するという形で乗っ取られてしまう危険性もある。自分自身がないところに圧倒的な暴力が入り込むということは、非常に危険なことなのであると痛感する。

このような圧倒的な暴力に対してのコミットが、その子の主体の生成に真に活かされるためには、その意味と重要性について理解できる大人の存在がどうしても必要だと思う。

第3章　十歳前後の草食・肉食期？

――『けいおん！』のキャラと関係性――

〈思春期の入口の様相〉

「草食系男子」とか「肉食系女子」といった用語が流行ったことがあった。これは、現代の若者の対異性関係における行動様式をキャッチーに現した言葉である（あくまで、異性が恋愛対象という限られた前提でしか考えられていない用語であるが）。

この言葉の定義にはかなり幅があるようだが、異性を求めないわけではないけれど、まったくガツガツしておらず、一緒に静かに側にいて、共通の趣味の話題などを和やかにしているほうが楽だし楽しいと考えている人たちのことを、草食系と言うらしい。その一方で、肉食系というのは、恋愛対象としての異性の獲得に積極的でエネルギッシュに行動する人たちのことを示すようだ。そして、肉食系男子の割合が年々減って草食系男子が増加し、女子の肉食系が増殖していると言われている。

しかし考えてみたら、肉食系女子と草食系男子という対異性関係の在り方は、小四から中一くらいの思春期の入り口にある男子と女子のありようとともかぶる。この時期の状態がそのまま成人になっても続いていると言ってもいいかもしれない。

この年頃の女子は、一般的に男子よりも成長が早く、身体も大きいし異性への関心も強い。意見をずばずば言ったり、男子のアホさ加減を心から馬鹿にしたりしている女子に圧倒されて、クラスのなかで小さくなって「女子、こえぇ……」と肩を寄せ合う男子が多くなってくる。その一方で女子は、とにかく「つきあう」という状態や、「カレシ」の存在を求めるようになる。そんな女子は、内面で自己完結している恋愛イメージの発露として、そのイメージをほんの少しでいいから感じさせてくれる男子に「好きです」とコクる。この時期の男子が女子にコクることは非常に少ない。そして男子としては、コクられたはいいが、どう対応したらいいのかと混乱しているうちに、いつのまにか「つきあう」ことになっていく。しかし何を話していいのかもわからないままに、ただ一緒に学校から帰ったりしているうちに（数日から数週間という短期間で）、またもや女子主導で「思っていたのと違う」「ゲンメツ」などと一方的に飽きられて、あっけなくおつきあい終了……となり、男子としては「わけわかんねー」思いをすることがある。

最近はスカートめくりをする男子などいなくなった。いたらそれは、大変な問題行動として扱われるレアケースになっている。そのかわり、女子同士でスカートをめくりあってキャーキャー騒いでいるのを、男子たちが唖然としつつ、なんとなくうれしそうに眺めていることがある（小学校だけでなく、中学でもある）。また、みんながいる教室で、女子同士でキスを（あくまでもふざけてというレベルではあるが、それでも口に）したり、つきあっているという噂のあるカップル（男女の）に、「好きだったらキスしなきゃダメだよ」と女子たちが仕切って、放課後にクラスメイトが見ている前でその二人にキスをさせようとした……などという事件も起こったりする。

もともと思春期の問題行動は、男子は暴力、女子は性を通じて出てくることが多い。この時期の女子は、性にまつわる羞恥心や嫌悪感や好奇心など、さまざまな矛盾に満ちた困惑を内側に抱えている。内側に抱える方向性を持たない女子は、自分が性的なことでの主導権を持つという形をとりながら、その混乱を乗り越えようとしている。女子が肉食系になるのには、肉食系男子よりもずっと複雑な内的なプロセスがあるように思う。

〈日常系漫画が意味するもの〉

さて、『けいおん！』（かきふらい作、芳文社、二〇〇七 - 二〇一二）である。これは、四コマ漫画で発表されていたものがアニメ化され、大ヒットしている作品だ。特に男子中高生に絶大な人気がある。先生たちから友人関係の希薄さや孤立傾向などを心配されて相談室へと紹介されてくる男子に、よく見ているアニメについてきいたときなど、かなりの確率でこの『けいおん！』は出てきていた。

第２章で紹介した『ひぐらしのなく頃に』を好む人たちが、同時に『けいおん！』にも夢中になっているということは、今のところ臨床場面では経験していない。相談室で出会った『ひぐらしのなく頃に』を好む子は、男女問わず、どちらかというと問題行動があったり、リストカットなどの自傷行為など本人にとっても自覚的な課題が表面化していたり、対人関係でのしんどさが主訴になっている子が多かった。一方で、この『けいおん！』は、どちらかというと目立った行動はまったくないが、何かがうまくいっていないために促されて来談してきた大人しい男子（や女子）に好まれている印象がある。

この『けいおん！』は、部員が前年度にすべて卒業してしまったために廃部寸前になっていた軽音楽部に、高校入学直後の女の子（唯）が、幼なじみの友人（律）と入部するところから始まる。そして、次々とメンバーを増やしていき、五人の女の子たち（唯、律、澪、紬、梓）がガールズバンドを組んで、まったくの初心者から音楽活動をしていくというストーリーである。初心者ばかりで始めたバンドの友情と成長の物語……と言ってもいいかもしれないが、それほどのドラマチックな展開があるわけではなく、女子高生の（毒気を抜いた）日常生活をゆるゆると描いてある。

『ひぐらしなくの頃に』も恋愛要素はほのかに薫る程度で、それが主なテーマではなかったが、『けいおん！』に至っては、まったくない。そして、この漫画（主にアニメ）にはまっている男子たちに、どこがいいのかとあれこれ聴いてみると、「澪が律にツッコミを入れるのがうける」「梓が唯に絡んでくるのがおもしろい」などという言い方をする。だいたい、そのレベルから先に話はふくらまず、誰と誰がこんなことを言ったのがいいとかうけるという語りに終始することが多い。「関係性」と言っていいのかどうかもわからないくらいのうすーい表現ではあるが、どうやら部内のメンバーのやりとりが萌えポイントになっているようである。

〈「キャラ」と「関係性」〉

学校の臨床現場で出会う思春期の子の話を聴いていると、多くの場合、女子は「関係性」に、そして男子はそのもの単体の「キャラ」や「属性」や「具体性」に関心を持っていることがわかる。たとえば、相談内容にしても（主訴としての症状がない限り）人間関係の裏表についてのあれやこれやの相談は女子からのものが圧倒的に多く、男子が人間関係について訴えるときには、「ちょっかいを出されるのがいや」「すごく乱暴なヤツで困ってる」というように現実的な状況についての描写のみで、裏表などというう複雑なところまで読み込んで話す子はいなくはないが、少ない。また女子は、漫画や小説でも、登場人物同士の「関係性」に注目し、男子はキャラクターの設定に関心を持つことが多いように思う

たとえば男子は、猫耳をつけているとか、メイドの格好をしているとか、プロポーションが抜群なのに童顔であるといったような外見の記号としてのキャラクターの設定自体に関心をもつことが多い一方で、女子は、登場人物の「関係性」が、状況によってどう変化するのかというポイントに興味の中心がある。

『けいおん！』が好きだという男子のなかにも、キャラ設定がツボだから好きだという子も多いだろう。しかし、今までのいわゆる「萌え系」と言われるキャラ設定のアニメを好む子と、この『けいおん！』を特に好んでいる子とはどこか語りのニュアンスが違う部分がある。それが何なのだろうとずっと考えていたのだが、それは（どんなに深みのない語りであろうと）「関係性」へ注目した語りがそのなかに入っていることが特徴的なのである。つまり、そのあたりが非常に女子的というか、草食的なイメージがあるのだ。

ところで思春期の女子は、ひそかにＢＬ（ボーイズラブ）という性的な表現を伴う男子同性愛ものの物語を好んで読んでいることがある。実のところかなりの割合の女子がＢＬというフォーマットで示される関係性に関心をもっている。特に、自分のなかに男性的な要素を発見して、それをどう生きていくのかというテーマを抱えている子ほど、普通の男女の恋愛ものよりもＢＬに関心をもち、オリジナルストーリーを制作するところまではまっていることもあるように思う。

ＢＬには、男役（「攻め」という）と女役（「受け」という）といった分類がある。常に「受け」に自分を投影してＢＬを読んでいる子は、女子としての受け身の自分をベースに持ちながら、自分にとっての理想的な男性（攻め）と、同じ男性であるという対等さを持ちながら関係性を育んでいくイメージが動いているように思

う。そして自分の女性としての身体性が関わらない安全圏で性的な関係を投影しているのである。そのため、このような人たちは、実際に恋愛対象になる男性が現れると、急速にBLへの関心を失っていく。思春期に一過性にBLを好む大半の人には、このような心性があるのだろう。

しかし、最近は(もちろん以前からも存在していたが)、「攻め」の方にも自分を同一視する女子が増えてきている。そして現実的に恋人ができても、結婚しても、BLを好んで読む女性も増加している(そのためBLのマーケットはここ十年で飛躍的に拡大してきている)。

「攻め」に同一視する女子が増えているということと、肉食系女子が増えてきていることとを、そう簡単に結びつけることはできまい。実際、現実的な動きが肉食系である女子は、BLなどまったく好まないことも多い。しかし、BLは読んでないにしても、「攻め」への同一視イメージ(つまり、性的なパートナーの獲得行動を積極的に起こす側への同一視)が肉食系女子の内面でも動いているのではないかと考えてみてもいいのではないだろうか。思春期を超えてもBLを読み続けている女子は、内的なイメージのなかでだけ「攻め」になっていて、現実的の異性関係では草食系で、受け身の人が多いように思う。

そしてここ数年、『けいおん!』好きの男子たちの話を聞くなかで、女子同士の関係性を喜んで鑑賞しているような様子に(しかもそこには性的なものは含まれない)、草食系男子の増加の問題と、これはどこかでつながるのではないかと思わずにはいられないのである。

また、このことを考えていると、どこかで幼形成熟(ネオテニー)という言葉もよぎる。思春期の入り口での男女関係が、そのまま大人にも当てはまるとしたら、内的な意味での性的な成長が止まり、その幼形のまま成熟を迎えているとも言えるのではないか……などとも思う。

最近は、絶食系男子という言葉もできているらしい。草食系のように、せめて草は食べているように、実際の異性との穏やかな関係を求めている男子ではなく、アニメやゲームなどの二次元の女性にだけ関心を持ち、生身の女性との関わりを一切求めない男子のことを言うようだ。

他者との関係がうまくいかないことで相談室に来ている男子たちが、たとえアニメであっても関係性に対しての関心を語ることは、治療的に働く。しかし、それがアニメや漫画のなかだけで留まっていると、それはいずれ絶食系へと向かっていくことにもなりかねない。それでも本人がこれから先の人生、まったく困らないのかもしれないし、そうであればそれはそれでいいのかもしれないが、不安は残る（こっちが勝手に）。そう考えると、生身の人間への関心を失わないためには、そこで語られるイメージを、生身の治療者が生き生きと体験して、そのなかで生まれた言葉でフィードバックしていくことが必要だと感じる。

とっかかりの持ちにくい思春期男子の臨床のなかで、『けいおん！』のイメージが今後どのように動いていくのか、しばらく成り行きに注目していきたい。

（初出・二〇一三年六月）

追記

その後、ここで書いた以上の考察ができるほど『けいおん！』イメージが思春期男子の臨床で動くことはなかった……。

その後、日常系のアニメに関わる話題で、男子からも女子からも『けいおん！』以上に何ごとも起こらない平穏な内容の作品の話題が出てきた。『おでかけ子ザメ』（ペンギンボックス著、KADOKAWA、二〇二一、アニメはYouTube内で二〇二三年より配信）である。

これは、小さなサメ（子ザメちゃん）が陸に上がり、おでかけするという話である。子ザメちゃんは人間の言葉は理解できるけれど、自分はサメ語で話すのでまったく通じないが、背びれなどを使った豊かな感情表現で意思疎通していろいろな人たちと仲良くすることができるというものである。この作品について語ってくれた人たちからは、言語を介さなくても和やかに異種同士でつながり合って楽しそうにしているのを安心して見ているという感じが伝わってきた。しかも、この『おでかけ子ザメ』の話は、現実的にはかなり苦しい想いをしているけれど、しっかりと考える力を持っている人たちから出てきた作品だったのである。

そういう人たちの語りからは、ストレスフルなことが一切、起こらない世界観というのは、非常に厳しい状況にあるひとにとって、いっときの安心を味わう大事な時間になっているのを感じる。キャラクターグッズもいろいろ出ていて、リュックについている子ザメちゃんのぬいぐるみについて聞いたことをきっかけにこの作品の話になることもあった。

この作品が好きだという人からは、『ちいかわ』でも、ちょっとドキッとするような怖い話があることがある。そういうのがあると、しんどくなる」という語りもあった。それにしてもなぜ、サメなのだろう。もともと肉食系でアグレッシブな印象のあるサメがまったく害のない子ザメちゃんというキャラになっていること自体に、何か意味があるような気がする。

第４章　思春期の恋バナ

〈女子グループでの「恋バナ」〉

女子は、かなり幼いころから（小学校低学年や、どうかすると幼稚園、保育園のころから）誰のことが好きだのなんだのという「恋バナ」を好む子は多い。男子でも高学年になってくると、どの女子が可愛いだの、スタイルがいいだのと、女子の話をすることが増える。自分の「恋」について語るところまでいかず、ただ異性について話しているだけでも、それを「恋バナ」と呼んでいることも多い。

では少し、事例を通して「恋バナ」について考えてみよう。

小学校四年生のＡさんは、クラスで仲の良い四人グループの女子と恋バナをするのが大好きだった。この時期の女子は運動ができる男子に注目することが多いが、Ａさんもそのご多分に漏れず、サッカーが得意なＢくんのことが気になっていた。四人のなかで、「好きな人」がいるとはっきり言っているのはＡさんだけで、あとの三人はAさんがBくんを好きであるという話題の聞き役になっていることが多かった。

まだ具体的に異性に関心をもつところまで気持ちが進んでいない子にとって、友だちの「恋バナ」は、その友だちの気持ちに自分の気持ちを重ねて、人を好きになる擬似体験をするという意味が大きい。ひとりおませな子がいると、周囲の何人かの子にとっては、その子の「恋バナ」を聞くことが、思春期への道案内としての意味をもつことがあるのだ。

Cさんは、Aさんと一番仲の良い子だったが、「Bくんがサッカーしてるときの真剣な顔がいい」「鉛筆が落ちたとき、さっと拾ってくれたの」「笑顔がめっちゃかっこいい」などというAさんの恋バナを聞くたびに、ただの同級生としか見ていなかったBくんへの見方がどんどん変わってくるのを感じていた。そして、「どうしよう。私もBくんのことが好きになっちゃった」という、ありがちな展開になっていったのである。

仲の良い友だちの、特定の男子への関心のありようを「恋バナ」という形で一生懸命聴いているということは、その「好き」という気持ちに共振する培地が出来上がっているわけだから、このような展開になることはこの時期の子どもとしてはむしろ当然だろう。このCさんの場合など、本当にこころの底から揺さぶられるような恋愛の感覚がBくんに対して生じたというよりも、異性に対しての新たな視点を「恋バナ」として与えられたことで世界が急激に広がり、その新世界の象徴としてBくんがたまたま存在していただけといえるだろう。だから、具体的に彼のどういうところが好きなのかということに関しては、Aさんからの恋バナで聞いたこと以上のものがなかなかCさんのなかには生まれてこない。Cさんにとっては、実のところAさん抜きにはBくんをどう好きでいたらいいのかがわからないのである（ほとんど話したこともなかったりするし）。そのため、Cさんは、Bくんのことが好きになったと感じてから、余計にAさんの恋バナを聞きたくてたまらなくなっていたのだ。

しかし、それと同時に、勝手にBくんを好きになってしまった自分は、Aさんに対してどうしたらいいのだろう、同じ人を好きになるなんて裏切り行為なのではないかという葛藤も生まれていたのである。このような葛藤が生まれること自体、思春期の入口に立った証拠だと言える。子どもとしての意識しかなければ、このような葛藤は生まれようもないのだから。

〈「コクる」ことと気持ちの変化の早さ〉

やがてAさんはBくんにコクることにしたとみんなに決意を表明した。他の二人は、「いよいよだね。応援するよ！」と盛り上がっていたので、Cさんも一緒になってその雰囲気を壊さないようにしていたが、Aさんの気持ちをBくんが受け入れるとしたら、自分の気持ちはどうなるのだろうと、単純に応援へ向かえない自分のこころに戸惑っていた。

ある日の放課後のことだ。Cさんを含む三人の後見人をつけて、AさんはBくんに「好きです。つきあってください」と書いた手紙をBくんに渡し、その場で読んで返事がほしいとコクったのである。するとBくんは呼び出されたときから、何事なのかとやや挙動不審だったが、「つきあうとか、よく、わからないし、サッカー忙しいし……。でもありがとう。じゃ、練習あるから」と頭を下げて、走り去ったのである。

「今のなに、あれ。結局、どういうこと？　わけわかんない！」とAさんが三人のほうに振り返ったとたん、「ひどいよねー。結局、どっちなのー？　ありがとうとか言ってるくせに、何か逃げてるし」と後の二人は声を合わせた。そしてその場の空気は、あっという間にBくんに対しての幻滅の方向に流れ、Aさんは、「なんか、急に冷めちゃった」と、ほんの数分前のコクるテンションの高さからすると考えられないほど急激に気持ちが変わってしまったのである。

ここで、Aさんが泣き出して、後の三人が慰め、その後にAさんの気持ちが落ち着き、泣く泣くあきらめるという展開になる古典的なパターンもあるが、コクってダメだったらその場であっさりと気持ちが変わるということもよくあるように思う。つまり、それほどその個人に対しての執着はない（その人である必然性が薄い）場合が、特に思春期前半には多い。

さてそこでCさんである。これが、せめて高学年、もしくは中学生であれば、Aさんが玉砕したのなら自分にチャンスが残されているかもしれないと、Bくんに対しての気持ちが持続する可能性もあるだろう。そしてもしBくんと自分がつきあうようになったとしたら、Aさんにはどう言ったらいいのだろうというありもしない妄想的な悩みが「恋バナ」として、他の友人に語られたりすることになるかもしれない。しかし、今回の場合、もともとがAさんの気持ちに同調することで始まったBくんへの想いである。そうすると、Aさんの気持ちがBくんから離れると同時に、Cさんもまたうそのようにへの想いも消え、複雑な葛藤も同時に解消されてしまった。

〈自分自身を知るための「恋バナ」〉

ここで紹介したのは、誰かの「恋バナ」を小学生の女子のグループで共有しているときに、どんなことが起こっているのかというひとつの例である。もちろん、Cさんの立場の子が、抜け駆けしてBくんにコクったことで、Aさんやその他のメンバーの怒りを買い、グループから排除されるというような展開になる場合もあるだろう。しかし一般的には、思春期の入口に立っている女子にとっては、「恋バナ」をグループで共有することのほうに重点が置かれていて、その対象である男子は、コロコロと変わっていくことが多い。このAさんの場合も、Bくんが好きだと意識し始めてから、コクって終わるまでの期間は、約十日である。えっ？ そんなにあっという間のことなの？と驚かれるかもしれないが、実際、こういうことはよくある。特に、この時期、女子のほうが、男子よりも好きな人が短期間（たとえば週単位）で変わることがあるように思う。

そんなに対象がコロコロと変わるのは、異性の言動やそのルックスのなかに自分自身の未知な部分を投げかけて見つめ、その部分への関心を「恋」と名付けているからだろう。異性のなかに魅力を発見すること自体が、自分自身の発見にもつながるのである。そして「恋バナ」という形をとってそれを他者に語ることで自分を知っていくというプロセスが、思春期の入口の段階では、女子のほうにより活発に行われているからだろう。ひとりの人に対して、じっと長い間、好意を持ち続けている子ももちろんいるが、思春期の「恋バナ」の様相からすると、どんどん好きな人が変わっていっていたとしても、それは気が多いとかそういう文脈で捉えないほうがいいように思う。自分自身のことがまったくわかっていないから、自分のなかの「何か」を一瞬でも反射で照らしてくれる異性だと、すぐに好きになり、その人を好きになった自分という新たな自分の発見に夢中になるのである。そして、その反射角度がちょっとでもずれてしまうと、自分を知るための役にはもう立たないのですぐに関心を失うということが起こっているように思う。

中学生と話していると、つきあった記念日というのは、一年に一度の記念日のことなのではなく、毎月（まるで月命日のように）あるものであったり、極端な場合、つきあった曜日を記念曜日として毎週、祝ったりしていることもある。つまり、めでたくつきあうという形態をとったにしても、短期間で終わってしまうことが多いので（なかには長くつきあっているカップルもあるが）、一週間続いた、一カ月続いたと、記念日を設定してその節目節目で意識しあうのだろう。実際のところ、昼休憩につきあうことにして、放課後には別れたとか

(そんな短時間でも、つきあったということでカウントしたがる)、二日で終わったなどという話もよくきく。

話は少しそれるが、シェイクスピアの『ロミオとジュリエット』は、ロミオ一六歳、ジュリエット一四歳の設定である。そして、出会ってから二日目にはもう結婚の話をし、さまざまな行き違いで二人とも死んでしまうのは、何と五日目なのである。この性急さこそ、思春期の恋の特徴であろう。

昔から、思春期にはそのような性急さがつきものであるが、ここ五、六年の臨床の実感としては、(中高校生でも)じっと胸に想いを秘めるような片想いをしている子が減ってきているように思う。片想いというのは、言ってみれば内的な異性イメージを、自分自身のなかで発酵し、深めていく作業でもある。当然、ひとりよがりになる傾向は大であるが、内的にイメージを発展して抱える力がなければなかなか長続きするものではない。もちろん、好きという自分の気持ちだけを大切にしたいという古典的な思春期の自己完結型片想いを続けている子も確かに存在している。その一方で、コクって断られるのが怖くて、勇気がないから仕方なく片想いをしているという子もいる。しかし最近は、中高校生でも、先のAさんの例のように、片想いという「恋バナ」を友人たちとしているうちに、よし、コクろうという気持ちになり、片想い期間一週間未満でコクるなどということがよく起こっている。また、SNSなどにその片想いについて「恋バナ」としてアップして、いろんな人からコメントをもらってやりとりするうちに何だか気が済んでしまうこともある。想いが生まれた瞬間から、すぐにネットなどで「恋バナ」として公開してしまうと、想いが熟成したり、さまざまなことを深く考えたりするチャンスが少なくなっているのを感じる。机の奥に隠している日記帳に手書きで想いを記すのと、いくらパスワード付きで限られた人にしか公開しない日記だからといってもネットに書くのとでは、集約していく気持ちの動きが大きく違うのである。

また、好きな人ができるということ自体、親からの自立のテーマがその裏側には流れているのが普通なので、本来は親には秘密にしたいことであるはずなのだが、「恋バナ」を親に（特に母親に）したがる子も多い。しかも最近は、親のほうも「恋バナ」などという軽い雰囲気でくくる便利な言葉ができているため、余計に子どもの恋愛話に対しての許容範囲が広くなってきている。好きな人の話など、絶対に親には話したくないという、トラッドな思春期を生きている子もいる一方で、親に何の抵抗もなく「恋バナ」をしている子も増えている。

ではなぜ、親にわざわざ「恋バナ」をするのだろうか。

学校の友だちとの関係を維持するために多大な労力を遣わねばならない境遇にある子にとっては、友だちとは「したい」話をするのではなく、「してもいい」話題を選ぶことが求められている。つまり、「恋バナ」ひとつとっても、友だちの意向に反する流れのものはしづらいと考え、何かと気を遣っているのである。その反動というか何というか、気遣いのまったくいらない楽な友だちポジションにいる人として、思春期になっても親を強く求める子が増えてきているように思う。一昔前なら、何でも親に話しているように見せかけて、しっかりと秘密のロックがかかった話題を胸の奥にもっているのが普通だったが、その技は学校での友人に対して行なっているため、洗いざらい隠し事なく、あからさまな恋バナを親にしている子がけっこういるのである。友人関係の気遣いの大変さが、友だち親子を育むベースにはあるように思う（これは第17章で、詳しく述べるが、親のほうの思春期心性の問題もそこには影響している）。

〈コクられた側に起こる問題〉

さて、この事例でのＢくんの立場について少し考えておこう。Ｂくんは、それまでＡさんのことなど、特に何とも思っていなかったし、彼が正直に答えたように「つきあう」というのがどういうことをしたらいいのかもわからなかった。しかし、自分のことを「好き」と言われたその瞬間から、そのAさんのことが気にかかるようになってきたのである。自分を特別な意味で好きになってくれたということで、居心地がどこか悪いような、むずがゆいような気持ちになってきたのだ。ところが、あの日以来、Aさんやその友人たちは、敵意を含んだ目で自分をにらんでくるような気がするし、何だか自分のことなどどうでもよくなっている感じがヒシヒシと伝わってくる。何でこんなことに……と、わけのわからない想いに混乱し、「女子ってわかんねー。こえーよ」という恋バナを（こういう話も子どもたちは恋バナに位置づけているようである）男子同士でするようになったのだった。

Bくんのようにこの不可解な気持ちを「わかんねー。こえー」と言葉にして誰かに伝えて、軽いエピソードとして思い出にしていく子も多いが、なかには、非常にこころの深いところにキューピットの矢が刺さってしまう男子もいる。二十歳を過ぎてから初めて、小・中学生のころのことを振り返ることができるようになる子も多いが、小中学生のころ、このBくんの立場に立たされたことがあるという男子の話を聞くことがけっこうある。

異性から放たれた「好き」という意識の矢は、その矢を放った女子のほうはもうすっかり次のターゲットに向かってしまっているのに、じわじわと男子のこころのなかで動き、意識の持ち方を変えていく力をもつことがある。とても元気でスポーツが大好きな中学生だったのに、その矢を射られたことがきっかけとなって、この世のなかのものの見方が急に複雑で深くなったため、単純明快な子ではなくなり、現実適応が一過性に難しくなった経験をもつ子もいるのである。

もちろん、女子からコクられたというのは、あくまでもきっかけに過ぎず、その男子のなかで動いていた思春期心性の課題が、その意識の矢によって焦点化されただけである。しかし相談に訪れてくる男子の話を聴くにつけ、女子からコクられたことがこの世の不可解などを自覚し始めるきっかけだったと後になってから（五年も、どうかすると十年もたってから）意識しなおすことがあるのだなと痛感する。
女子にとっての軽い「恋バナ」から発展したことが、男子にとっては、意識を変えるほどの一大事になっていることもあるのだ。

（初出・二〇一一年一〇月）

追　記

その後も、コクられた側の男子のなかで起こってくるさまざまな問題に出会うことが何度かあった。コクられた時には、軽いエピソードで流していたのに、その後、社会人になってからの出来事をきっかけに、そのエピソードが重大な意味をもって立ち上がってくることもある。「好き」という意識の矢は、思いもかけず深いところに刺さるものなのだと痛感する……。

第5章　恋バナ・BL・関係性

――フツーの子の腐女子化とその変容――

〈恋バナがつらい〉

「恋バナするのがホントはきついんです……」「恋バナに合わせるのがしんどいです」という思春期女子がいる。それがいかにも恋には興味がないとか、恋に縁遠い感じのするような子ではなく、ごくふつうのおしゃれにも関心のあるような雰囲気の子が口にすることがある。

前章でも論じたが、恋バナって、思春期女子の大好物じゃないの？と思われるかもしれないが、場での一体感を守るために空気を読んで、無理をして恋バナというコミュニケーションのコンテンツを大事にしている子はけっこういる。だから一見、恋バナを楽しげにしているように見えるのだが、ほんとうは男女間の恋愛に関心がない場合もある。そしてここ数年、そんな子の割合が増えてきているような気がする。

第3章で、草食系男子と肉食系女子というのは、前思春期から思春期の入り口の状態がそのまま二十代や三十代になっても続いている状態なのではないかと論じた。前思春期から思春期の入り口の女子は、身体も同年代の男子より大きく、やる気も判断力も発言も男子を完全に凌駕している。なかには、自分を「僕」とか「オレ」とか呼んだり、スカートを（制服以外では）絶対はかないなど、わかりやすい形で一過性に血中男子濃度が高くなる女子もいる。

これも第3章で述べたことの繰り返しになるが、血中男子濃度が高まっている時期の女子のなかに、ボーイズラブ作品（以下BL）を好んで読むようになる子たちがいる。無自覚ながら自分の心が男性になっているときには、自分を投影するのに、BLの世界はぴったりくるのだろう。自分をBLでの「受け」（女性の立場）の男性に投影し、「攻め」（男性の立場）という理想の男性と恋愛するというイマジネーションを満たすことができるからだ。そして、そういう子は現実的に好きな男子ができて、交際が始まったりすると、急速にBLへの関心を失っていく。恋愛の予行演習として同性に対して一過性の恋愛感情をもつことが思春期にはままあるが、BLに夢中になるというのもそれと同じラインで考えられる。こういうひとたちは思春期に一過性にBLにはまって、あとはまったく関心がなくなる。

〈魂の投影の物語としてのBL〉

そしてこのような思春期の一過性の病ではなく、自分の魂のありようを投影する物語としてBLという表現形態をどうしても必要とするごく一部の（あまり一般的とは言えない）ひとたちのことを「腐女子」と呼んでいたのである。もともと「腐女子」は自分自身に対しての蔑称であるし、あまり表立ってBL作品が好きだということは公に言いにくいようなアングラな雰囲気があったものだった。たとえば面接場面でも、治療関係がずいぶんとできた頃に、女子クライエントが「中学の頃から、実は腐ってました」と、にやっとしながらつぶやくとき、それは、くさくさしていた日々を送っていたという意味ではなく、中学生の頃からBLにはまっている腐女子であるというカミングアウトだった。それくらい、BLが好きな腐女子であるということは、信頼関係ができたときに、やっとこそっと共有できるというような時代があったのだ（遠い目）。

ところが、ここ十年でBL市場規模は爆発的に拡大した。大手出版社を含め約五十社がBL市場に参入し、レーベルは小説とコミックスを合わせると百を越えている。その市場は五百億円とも、同人誌を含めたらその倍とも言われ、年々成長する巨大市場なのである。これは思春期女子だけをターゲットにしている市場規模ではない。世の中全体が、大人としての成熟から遠くなって、思春期心性に満ちている時代になっていることとも関係があるのかな……と思う。

今は、マンガやアニメでも当たり前のように腐女子キャラの登場が多くなっているし、男同士のラブ設定も一般化してきている。そして書店でもBLのコーナーがどんどん拡大し、その存在は昼間の太陽の光のなかに晒されるようになった。そうなってくると、BLが好きとか、BLを読むと言っても、誰でも読んでいただける一分野ですよ☆という感じになってきているので、思春期的な一過性の心性ゆえに好んでいるというトラッドな読み筋がききにくくなっている。

当たり前のことであるが、「BLが好き」とか「腐女子です」と言っても、そこに含まれる意味はひとによってまったく違う。それを治療的なイメージとして展開できるクライエントもいれば、そこに何か意味を見出すことができない子もいる（それがいけないというわけではないが、治療的なものとしては展開しにくいということだ）。二〇〇〇年くらいまでの臨床では、「BLが好きです」「腐女子です」とはにかみながら発言するようなクライエントは、想像力が豊かで、イメージ展開が可能なことが多かった。しかし、今は母数が多くなったこともあって、面接場面でBLの話題になったとしても、それについて語る内容をまったく持たない子も増えている。

〈主観的な読み方・客観的な読み方〉

さて冒頭に紹介した、恋バナが苦痛な子のなかに、BL好きな子が存在することがある。そして話を聞いていくと、狭義の「腐女子」(つまり、イメージ生成ができる)であることがわかることがある。そういうクライエントから、自分のことが書いてあるようだと言って紹介があった漫画に、『私がモテてどうすんだ?』(ぢゅん子著、講談社コミックス、二〇一三 - 二〇一八)というものがある。これはBLものではない。男子同士が仲良くしているのを見て、そのふたりが恋愛関係にあるというBL妄想をしているのが何よりも好きな女子が主人公の少女漫画である。そしてこの主人公は、自分がその男子たちから恋愛対象として見られるということに、大きなとまどいがある(だから、「私がモテてどうすんだ?」となる)。男子が苦手とかそういうことではなく(男子とも平気で話ができる)、恋愛絡みの関係性のなかに自分を入れることに関心がないのだ。

小説でも漫画でも何でもいいが、物語を読むときに、そのなかの誰かに感情移入していく読み方を、主観的な読み方であるとすると、感情移入も自己投影もまったくしないという読み方は、客観的な読み方であると言える。

どうも恋バナが苦手な子のなかには、物語に対する態度が、客観的視点になっていることが多いような気がする。恋バナというのは、自分の恋バナをするときはもちろんであるが、相手の話を聞くときにも、もし私だったら……というような感情移入や自己投影をしながらするから、話も弾むし、楽しいのである。だから、自分をそこに入れ込むような物語の生成にほとんど心が動かないのに、他者の恋バナをビジネス上の社交会話のように日常的にしなくてはならないということは、苦痛以外の何ものでもないのだ。そして、どこかで無理をして話を合わせているということは見破られるので、グループでの居心地がどんどん悪くなって苦しくなるのである。

このような客観的視点が中心になっている子は、関係性に対してどこまでも俯瞰目線になっていることがある。そこに自分を入れ込まず、自分はまるで空中の一点の視点になって、下界での関係性を読み込んでいくイマジネーションの世界にたゆたっているのが何よりも楽しいのだ。こういうのは、その道の専門用語（？）では「腐女子読み」と言われるらしい。

「腐女子読み」というのは、人間（男性）同士の関係性を、「受け」だ「攻め」だと分類しながら読み込むだけではない。無機物にも関係性を読み込んでいくのである。たとえば、椅子と机を見ても、机は、いつも椅子をその内側に入れることになるから、机が「受け」で椅子が「攻め」であるというように考える。時計を見ても、長針と短針の関係について考える。時間が過ぎるとともに、長針が短針に迫っていくから、長針が「攻め」で短針が「受け」になる……というふうにカップリングをイメージして楽しむのである。

フロイトか！とツッコミたくなるくらいに、世の中のありとあらゆるものを、「攻め」と「受け」という関係性で読み込んでいくのであるが、当然のことながら、自分が椅子になりたいとか、短針になりたいなどと思うわけはなく、自分は視点として存在するだけでいいのだ。抽象的なイメージのなかでたゆたうのが何よりも好きなのである。

無機物にも関係性を読み込むと同時に、彼女たちはＢＬの物語のなかには、男性同士の心の交流の物語性に非常に惹かれている。熟練したＢＬの読み手は、男と女で置き換えられるような物語を、わざわざ男同士の世界で再現してもそれは駄作（クソＢＬ）として、まったく評価しない。男女の関係では表現できない「何か」を追及してある作品でなければ、「萌えない」ときっぱりと言った子もいる。こういう子は非常に能力的にも高いのだが、どこかでジェンダーの問題が意識的ではないにしても存在していて、そこに取り組むためのひとつの道として、ＢＬの物語にコミットしているのだな……と感じることがある。

〈抑圧ポイントと萌えポイントの関係〉

ＢＬの同人誌から商業誌へと活躍の場を変えて、男女逆転の世界を描いた『大奥』などで有名になったよしながふみと、ＢＬ好きを公言している直木賞作家、三浦しをんとの非常に興味深い対談がある（『あのひととこだけのおしゃべり・よしながふみ対談集』太田出版、二〇〇七）。

そのなかで、よしながふみは、「抑圧ポイントの数ほど、萌えポイントがある」と述べている。男性の成長モデルは、案外シンプルで、「一人前になって金を稼いで妻子を養え」という一本道で示されることが多い。どんなにエロくても「男はそんなもんだ」と言われるだけであるし、妊娠させたら責任を果たせと言われるだけで、成長モデルの一本道と抑圧に矛盾がない。ところが、現代の女性の成長モデルは非常に複雑である。親からうける抑圧でさえ、一本道ではない、とよしながは語る。おしゃれにあまりにも興味がないとどうしたのかと言われ、あまりにおしゃれにしているともうちょっと何とかしろと言われ、途中までは彼氏にうつつを抜かさず勉強しろと言うものの、けっこうな年になっても彼氏がいないと今度はどうしたと言われる。親と親戚の言うことが違っていたり、周囲の言うことを全部きいていると頭がおかしくなってしまうし、どうしたらいいのかわからなくなってしまう。だから、女子は人によって萌えポイント、つまり抑圧ポイントがみんな違う。抑圧ポイントがたくさんあるからこそ、女の子はものを考える機会がたくさんあるのだ、とよしながは考えている。

抑圧されているポイントというのは、自分にとってそれがどういうものなのかも自覚がしにくいし、どう解放していいのかわからない部分だ。BLでは、自分がマイノリティであるということに気づいてそこから深い葛藤が始まるという設定や、さまざまなトラウマの存在が描かれていることが多い。つまり、自分が親や社会から受けている抑圧のポイントを、女性が悩んでいるというベタな形でなく、マイノリティであると気づいた男性の問題として、客観的に見ることができるのだ。そして、女性の自分は、俯瞰する立場になって、虚構の男同士の関係性を通して男性が変わっていく物語にコミットするなかで、えも言えぬ感情が動くのだ。その時の解放感につながる感情のことを「萌え」というのではないだろうか。よしながが、「抑圧ポイントの数ほど、萌えポイントがある」と言っているのはそういうことのような気がする。

BL作家や、大人になってからもずっとBLを読み続けている人のほとんどは、恋人がいたり、結婚して家庭をもっているなど、ごく一般的な傾向をもっている多数派である。BLが好きであるということと、現実の異性関係とはまったく別なのだ。しかし最近の恋バナが苦手で、BL好きという子たちの話を聞いていると、ほんとに、この子たちはこれからも現実の異性には関心を持たない可能性も強いのではないかと思うことがある。実在するアイドルよりも、アニメの登場人物のほうがずっといいと言う思春期の子が増加していることを考えると、生物としての関心の持ち方がやはり変化している部分もあるのではないかと思う。

また、自分自身の深いテーマとのシンクロでBLを読んでいる人、そして、どこまでも俯瞰視線で、自分を関わらせないなかで関係性を読み込むことに楽しみを見出している人を比べると、後者（関係性萌え）のほうが増えてきているように思う。

最近の学校臨床では、個人の問題を深めていくことよりも、関係性の問題に振り回されているひとたちと出会うことが多い。そう考えると、彼らの抑圧ポイントが「関係性」中心になっているということと、どこかでつながっているような気がする。

（初出・二〇一四年八月）

追記

BLに関しては、七五歳の老婦人がふと立ち寄った書店でBLコミックスに出会い、それをきっかけに高校生の書店員との穏やかで優しく、心が揺れる日々を描いた『メタモルフォーゼの縁側』（鶴谷香央理著、KADOKAWA、二〇一八―二〇二一）が評判となり、映画化もされ、BLへの関心が、思春期だけの問題ではないということがますますはっきりとしてきている。

コミュニケーションを上手くとることこそが生存していく上で何よりも大事という傾向がどんどん進んできているなか、表面的な「関係性」を取りつくろうことにエネルギーをかけざるを得なくなって疲れ果てている人たちも増えている。

日常をそつなく暮らすためだけのコミュニケーション用の言葉ではなく、ほんとうに自分の心に深く響いた物語を、静かに誰かと語り合いたいと思ったとき、BLの物語がその中心に置かれることがある（しかもそれは年齢の差など簡単に越えていく）ということをこの『メタモルフォーゼの縁側』は示しているのを感じる。

BLをめぐる文化がこんなふうに成熟してきているのだな……と感慨深い。

第6章　子どものこころに寄り添う

〈うまく遊べない子〉

子どもの心に寄り添うというのは、どういうことなのだろう。「寄り添う」という言葉からは、何やかやと意見を言ったり激励したりもせず（まして叱咤などはせず）、子どもの気持ちを察しながらそっとただ側に「居る」というイメージがある。では、熱くなりすぎず、心を平熱に保って子どもの側に居れば子どもの心に寄り添うことになるのだろうか。それとも子どもの気持ちの揺れにぴたりと同調して、一緒に熱くなったりどんと落ち込んだりすることを心に寄り添っていると言うのだろうか。「寄り添う」ことの意味はいろいろに捉えられそうだが、まず、ごく基本的なところから事例を通して考えてみよう。

小学校三年生のAくんは、友だちと遊んでいるとすぐにトラブルになってしまう。彼は共有の遊び道具やおもちゃを人と一緒に使うということができず、力ずくで奪うことが多いのだ。また友だちの遊戯王のレアカードをごまかして勝手に自分のものにすることもあり、「そんなことするなよ」と言ってきた子に対しては、「うるせえ」と殴ることがその返事になるなど、とても平和的とは思えないコミュニケーションの取り方をしてしまう。それに加えて、ゲームをしていて自分が負けそうになると、すねてゲーム自体を放棄したり、ぐちゃぐちゃにして勝負の結果がわからないようにしたりすることもあった。

授業時間はほとんど問題が起きないのに、休憩時間や放課後にこんなトラブルが多発してしまうのだ。そのため彼と遊びたがらない子も増え、家に行き来して遊ぶ周囲の保護者との関係も非常に気を遣うものになっていき、Ａくんのお母さんの悩みは深くなっていった。お友達とのトラブルが起こるたびに、どうしてそうなったのかと、順を追って流れを説明しながらＡくんに伝えているのに、Ａくんはぽかんとしたような顔をして聞いていて、とても納得している様子などなく、何度も同じことを繰り返すのである。そんなＡくんの様子に、どうしてこの子は分からないのかとますますお母さんの嘆きは深まっていた。

発達相談では衝動性のコントロールに課題のある多動の可能性が否定できないと指摘されたが、することの枠組みがはっきりしている授業中は静かにしていることから、いけないことはいけないと具体的に指摘をすることを続けながら、しばらく様子を見ていきましょうということになっていた。いくら対応の方針が立ったとは言え、すぐに解決するわけではない。Ａくんのことを考えると自分の気持ちが苦しいのでと、お母さんはスクールカウンセラーのもとに来談されることになった。来談当初、話題はＡくんのトラブルのありようと、それについてどう対応しているのかという報告に終始していたが、ある日、ふとお母さんは、「私はこの子とうまく遊んでやることができなかったような気がします」と口にされた。このお母さんはとてもまじめな方で、子どものことに真剣に向かい合っておられるのだが、真剣なあまり、そこにはゆとりというか「遊び」がない印象があった。そういう傾向があることを、お母さんは自分でも気にしておられたのである。

このような例をお母さんは話された。Ａくんと一緒に幼稚園の頃、かくれんぼをしていたら、彼が激しいかんしゃくを起こしたことが何度もあったという。彼の隠れ方はとても稚拙で（幼児なので当然なのだが）、すぐに見つけることができるものだった。何度かお母さんが鬼をした後で、いきなり「つまんない！！」と彼は叫び、そこら中のものを手当たり次第投げて暴れ出したのである。すぐに見つけられてしまったのが悔しくて我慢ならないのだろうか、なんてこらえ性のない子なんだろうと、お母さんはうんざりした気持ちになった。なのに、Ａくんはその後も何度もお母さんとかくれんぼをしたがり、その度ごとにかんしゃくを起こすことになるのだ。どうせまた暴れるのだろうと思うと、この子と遊ぶのがどんどん苦痛になっていったのだという。

Ａくんとお母さんの間では何が起こっていたのだろう。そしてなぜ、彼はこんなにも（結局、かんしゃくで終わってしまうのに）かくれんぼをお母さんとしたがったのだろうか。

〈こころの動きに寄り添う〉

子どもが大人と、それも特に、自分にとってとても大事な大人と一緒にかくれんぼをしたがるのには、とても大切な意味がある。

子どもは大人に「目つぶっててよ、数を数えていて」とちょっとわくわくしながら言ってから、どこかに隠れる。しかし、幼い頃のＡくんのように、頭隠して尻隠さず状態になるのがほとんどなので、大人の目から見ると、あっという間に見つけることができる。でも、子どもとうまく遊べる大人というのは、「ああ、あんな所でお尻出しているわ」とすぐに判っても、「あれ？　どこにいるのかな」とか、「おや、ここかな」とか、「うーん、ここじゃなかったな」とか言って、全然違う場所を捜すふりをして、「どこにいるんだろう。いないなあ……」というようなことを声に出しているものである。隠れている子は、その大人の声を聞きながら思わず「クックックック」と笑い声が漏れる。「あら？　どこかから声が聞こえたぞ」と近づいていって「あっ、ここだ！」と言ってその時に初めて見つけたようにすると、子どもは「キャー！」と喜ぶ。そこでテンションが最大限に上がって楽しさのピークになる、というのが「遊ぶ」ということなのだ。つまり、このようなプロセス自体が、子どもの心の動きに寄り添うことになっているのである。

ところが、このお母さんのように目的遂行を第一に考える「遊びのない」タイプの人のなかには、遊びの最中にも目的遂行の意識が顔を出し、必死で隠れている子に対して、「ほらここ。お尻見えてたよ。ほら」と、ほんの数秒で見つけてしまう。そうすると、負けず嫌いの子は本気で隠れようとし始め、あり得ないような場所に隠れたりすることも起こってくる。それはすでに遊びではなく、真剣勝負の様相を呈してきて、親子の関係をつなぐ遊びとは違う意味を帯びてくる。

当たり前のことであるが、子どもの遊びの本質は、勝敗を決するとか目的を達成するところにあるものではない。一見、何の意味もなくどうでもいいようなやりとりをしながら、そこで起こる感情の動きを楽しむことにある。大人が子どもの感情の動きに寄り添った反応を返すことで、子どもは人と気持ちが通じ合うことの喜びを感じる。そしてそれが同年齢の友だちと楽しく遊ぶことへと発展していくのである。そんな大切な意味をもつ遊びの時間なのに、自分の気持ちの流れを無視して、ただ単に効率よくこなされたりすると、子どもは自分の大事なものをないがしろにされてしまったような理不尽な感覚を味わうことになる。しかも、そのことは言葉で伝えられるようなことではないので、子どもとしては不機嫌になるか、かんしゃくを起こすかという反応をせざるを得なくなる。でも、Aくんがそうであったように、子どもは自分の成長のために必要な遊びを求めるものである。彼が執拗にこの遊びにこだわったのも、お母さんとの間に通じ合う感覚を見つけたかったからなのかもしれない。

Aくんの問題は、授業中には顕在化せず、休憩時間や放課後などという「遊び」の時間に集中して起こっている。目的が決められ、それに向かっていけばいい時間である授業の枠には案外入りやすく、友だちとの「関係」が重視される遊び時間に自分を見失ってしまうことが多いのだ。また、かくれんぼをお母さんととてもしたがっていたというエピソードからは、自分にとって大事なことを遊びのなかで得ていこうとする力がある子だということがわかる。それならば、遊ぶことがそのまま治療になるプレイセラピーが彼には向くのではないかとお母さんに提案したところ、彼は喜んでプレイルームに来談するようになった。

〈ぼくを見つけて〉

子どもと遊んでいると、「じゃあ今から目つぶってて。ビー玉を砂の中に隠すから、見つけてよ」とかいうような宝探しゲームをしたがることがよくある。そういうときに、遊び上手な人（つまり、子どもの心に寄り添うのがうまい人）は、「あっ、ここだな」とすぐわかっても、かくれんぼの時と一緒で、すぐには指摘しない。周辺部分や、全然違う場所などもわざわざ探すふりをして、その後で、やっとで宝にたどり着く……というプロセスを大事にする。Aくんも、プレイルームではこのビー玉隠しが大好きだった。

このような遊びのなかで子どもが見つけてほしいものは単なる「ビー玉」なのではない。見つけてほしいのは「自分」なのである。それがビー玉に託されていたり、かくれんぼであれば自分自身の身体になっていたりするのだ。だけど、すぐにぱっと見つけてもらえたらそれで満足というわけではない。いろんな場所に自分の気配を感じて、「おや、ここかな」「うーん。ここかもしれない」などと大人が探し回る様子から、この世界のあちこちに自分の存在を感知してくれる人がいるという喜びを子どもは得ているのである。そして、最後の最後に自分に（もしくは自分を託したビー玉などに）間違いなくたどり着いてくれるという、このプロセス自体が必要なのである。

かくれんぼや宝物探しを子どもはとても好む。たとえば、「目をつぶってて。どこに何を描いたか当てて」と、ある程度仕上がった絵に、ほんのちょっとだけ何かを描き加えて、それを発見してもらうのが好きな子もいる。犬の毛をちょっとだけ濃くしたとか、花の色を塗ったとか、けっこう注意深く見ていないと見逃しそうな些細な変化を見つけてもらいたがるのである。そして立場を交代して、今度はこちらが描き加えたところを探して当てようとする。このような遊びは、感受性が豊かな子が、相手との関係を深め、どの程度の繊細さで想いが通じるものなのか確かめたいときに好んですることが多い。

ある日、小学校五年生の女の子と、この描き加え当てっこ遊びをしていたときに、「これ、前にお母さんとやってたら、『ああ、これはどこが変わったのか見つける脳トレになるね』って言って、何か脳トレの本買ってくれた。でもそれからは、これやろうよって言っても、脳トレの本見たらいいじゃないってお母さんは言うんだよね」とこちらの目を見ずに、絵を描きながら淡々とした口調で言っていたことがある。あっさりと口にはしていたが、この子が何とも言えない違和感を覚えていたことが伝わってきた。

この子のお母さんの想いは、この子が微細な差異に敏感な子だから、そこを伸ばしてやろうというところにあり、そのために適当と思われる本を買い与えているのである。この子の気持ちに親なりに考えて寄り添っているのである。しかし感受性の豊かな子どもは、そんな親の想いをありがたいと思いつつも、自分が望んでいたこととはずいぶんずれた着地点になっていることをどう言語化していいのかわからなくて、もやっとしているのである。

このような子は、高校生とかどうかすると二十代後半になってから、何か現実的なトラブルがあって親とぶつかったりしたとき、「私の気持ちなんか、ちっともわかってくれなかったくせに！」などという形で、長年にわたる親の想いとのズレを突然、表現することもある。子どものころの想いが、年月を越えて爆発することもあるのだ。

また、自分を見つけてほしいという心の底からの要求が、周囲を巻き込む問題行動の形をとって出てくることもある。小学校や中学校でよく見られるトラブルに、「人のものを隠す」というものがある（盗むというのとは、ちょっと意味あいが違う）。鉛筆削りや消しゴム、ノートや体操服などが、他の人の机のなかのものと入れ替わっていたり、思いもかけないロッカーの中や、トイレの棚のなかから発見されたりすることがある。

これは、自分の気配を感じとってほしい、自分の心に寄り添ってほしいという切実な要求が、誤った形で表現されたものだと言えるだろう。これは悪質な嫌がらせとして認識されることのある問題行動であるが、実際にそれをしている子どもは、自分の存在感の希薄さに耐えかねていることが多い。そのため、どこかで自分がしていることなのだと誰かに気づいてほしい気持ちも持っている。したことは間違いなく悪いことであるが、それをした子の目星をつけるときにも、その行動に至るまでの気持ちのプロセスを具体的に細かく想像することと自体が、それを成してしまった子の心に寄り添うことになる。面白半分の嫌がらせでしているんだとか、思いつきの悪ふざけでやっているに違いないと考えたくなってしまうが、それはそれとしてちょっと脇へ置いておき、こんなことをしなければ自分をアピールできない哀しさのほうに心を寄せながら想像してみることも必要だ。そのプロセスを踏んだ後で、犯人とおぼしき本人に確認すると、不思議と否定せず、認める確率が高くなるように思う（もちろん、そううまくいかないことも多いが）。

逆に、とにかくとんでもなく悪いことだから、証拠を見つけてつきつけようという発想で子どもと向かい合うと、間違いなくその子である場合でも、強固に否定し続けることもある。自分の心に寄り添ってくれない大人には、自分のしたことの意味などわかるわけないさと、どこか大人を馬鹿にしたような態度を取る子もいる。実際のところその子自身も、自分がなぜそんな行動に突き動かされてしまったのかまったく自覚できていないのに、大人を下に見るような生意気な態度で、ひ弱な心を必死で防衛しようとするのである。

自分がしでかしたことに対して、見えないところで大人が心を砕き、自分の心に寄り添うためにエネルギーを使っているらしいということは、追い詰められて悪を成さなければならなくなっている弱い子にはとても鋭敏に伝わることがあるように思う。一見、無駄にも思えるような心のエネルギーを大人が使うことが、遠回りのように見えても、子どもが光のある方向に進むためにはどうしても必要なのだと感じる。

〈寄り添うことは大事業〉

さて、ここでもう一度、最初に投げかけた「寄り添う」というのはどういうことなのかという問いを違う角度から考えてみよう。

たとえば、「がんばりたい」「仲良くしたい」「もっと良くなりたい」などという子どものプラスの気持ちがひしひしとこちらに伝わってくるような子に対しては、ただそっと側に居て微笑を返すだけでも、十分、子どもは支えられていると感じるだろう。子どもが自覚的に前に進もうとしているときに子どもの心に寄り添うのは、とてもたやすい。なおかつ、子どもに対しての深い愛情を自分のなかに感じているときは、子どもの心に寄り添うこと自体が喜びにもなる。たとえ子どもがうまくいかずに苦しんでいるときでも、子どもにまっすぐな意志があることさえ感じとれれば、一緒にその苦しみを背負って側にいることは実のところそれほど難しいことではない。それは、愛する子どもが成長するためにどうしても必要な苦しみなのだと、「理解」することが可能だから、心に寄り添うことが苦痛にはならないのである。

このように、子どものほうにプラスに向かう意識がある場合には、ただただ平熱モードで子どものことを想いながら「居る」のであっても、同調して一緒に気分の乱高下を味わったとしても、本質的なところでそう変わりはない。表面的な態度がどちらであっても、ほとんど関係ないのである。

ところが、こうスムーズにいかないことがある。いや、いかないことの方が圧倒的に多い。子どもの心に寄り添うとはどういうことなのかと大人が苦悩するのは、「子どもの気持ちが伝わってこない」「子どもの意志が見えない」「子どもに対して自分が愛情を持てているのか自信がない」というような状況になったときである。このようなとき子どもの心に寄り添うというのは、大人の側に意識的な努力と莫大なエネルギーの投入を強いる、とてつもない大事業になってくるのである。そして、このようなときに大人に必要になってくるのは、もう、わけがわからないと放り出したくなる気持ちを何とか抑え、子どもを「理解」する努力をし続けるという根気と責任感である。

先に挙げたAくんのお母さんも、Aくんのことを考えると苦しくなるということで来談されたのであるが、それは上記のような苦悩三点セットがすべて揃ってしまっていたからである。そのなかで彼の「遊び下手」は、実は自分と似ている部分があったことに話しているうちに気づかれたのである。気づきというのは、状況を別の角度から見ることで新たな「理解」の視点を得るということである。また、母親である自分と何とか心をつなぎ合わせたい、自分の心を見つけてほしいと願っていたから、あんなにも幼い頃、彼は自分とかくれんぼをしたがっていたんだと思い至ったことで、お母さんの感情は温かみをもって動きだす。彼の気持ちはそういうところにあったのに、自分がその想いに応えきれなかったから、あの子はいつも怒っていたんだと過去のAくんの不可解な反応について「理解」したとき、お母さんは彼に対する愛情がいきなり湧き出すように溢れてくるのを感じ、涙されたのである。また自分は自己主張をしないタイプだったので表立ったトラブルにはなりにくかったけれど、同じような傾向をもっていても、彼のように周りに対して自分をぐいぐい出していく子は、周囲との摩擦に苦しむことになるのだということも話していくうちに語られるようになってきた。そんなことがわかってくると、彼の心に寄り添うことが以前に比べてずいぶんと楽になってくる。子どもの問題で困っておられる親御さんとの相談というのは、こういうことを目指して行われるものなのだ。「理解」に基づいて親が楽になることができれば、それは間違いなく、子どもに大きく影響するのである。

〈理解に基づく物語〉

心に寄り添うというのは、とても情緒的な雰囲気がある言葉である。何も考えなくとも、情緒的に何となく心に寄り添える状態は、実に得難い幸せなものである。しかし、そう簡単にいかない場合は、何が起こっているのかをきちんと「理解」しようとするという努力が必要になってくる。

たとえばこのＡくんの場合も、お母さんと治療者との間で、かくれんぼというエピソードを通じて、彼の気持ちを「理解」したような形にはなっているが、それが本当のところ彼の真実の気持ちであったのかどうかなどということはわからない。あくまでもそれはそのエピソードから立てた仮説であり、そういう彼の気持ちについての「物語」を治療者とお母さんとの間で共有しているだけなのである。でも、このような物語を子どもの理解の柱としてもつことは、大人にとって子どもの心に寄り添い、その成長を支えるためのエネルギー源として外せないものなのだ。

（初出・二〇一四年七月）

第7章　心を閉ざしている良い子

〈傷つくことが怖い〉

人はどんなときに心を閉ざすのだろう。いや、その前に、そもそもひとが心を開くというのはどういうことなのだろうか。

心を開くというのは、ほんとうに無防備になることだ。無防備になっても大丈夫な相手と場が自分にはあると実感できるとき、人はもっともリラックスし、幸せを感じる。だからこそ、無防備に信頼し心を開いていた相手に裏切られたときほど、深く傷つくことはない。信用も信頼もしていない人に嘘をつかれてもそれほどの傷を受けずにスルーできるのは、そういう人には最初から心を閉ざしているからだ。心を閉ざすというのは、無駄に傷つかないためには時に必要になってくる大事な防御である。つまり相手と状況に応じて、心をどれくらい開いたり閉じたりするのがいいのかを判断しながら過ごすことは、心の健康を保つためには必要なことである。この判断ができるようになるためには、人間関係の体験のなかで、ある程度、辛い想いを味わったり、失敗も重ねたりしながら学んでいくしかないのである。

傷つきを恐れて、誰に対しても心を閉じるしかない状況になると、生きることを楽しむことができなくなる。何も感じず無感覚のなかで生きることになるか、何をするのもただ我慢して耐えるだけといった日々になってしまう。特に、全面的にまだ守られなくてはならない子ども時代に、誰に対しても心を閉ざさざるを得なくなってしまうと、生きる力がどんどんすり減ってしまう。そういう子どもが今、増えてきているのではないだろうか。

〈心を閉ざしている良い子〉

ところで心を閉ざしている子どもというと、どのような子どものことが思われるだろうか。まず思い浮かぶのは、表情がなく、何を聞いても反応せずに黙っている子であろう。もしかしたら、誰も信用なんかできるものかと暗い目をして睨んでくる子を想像したひともいるかもしれない。またこちらからどんな声をかけても「うるさい」「ほっとけ」「うざい」というようなことを言い捨てて、それ以上の関わりを拒絶する子も思い浮かぶ。

確かにどう考えてもこのような子たちは心を開いているとは言えない。しかし、この子たちは「自分は今、あなたたちに心を開いている状態ではない」ということを、表情や態度、言葉遣いなどで思いっきり表現しているとも言える。つまり、「心を閉じている」ということが周囲にわかりやすい。そのため、大人たちもこのような状態の子がいると、何となく「気がかりな子」として気にするようになる。理由はわからないまでも、「なぜこの子は心を閉ざしているのだろうか」と考えたり、「どうしたら心を開いてくれるのだろう」と心を寄せたりするようになる。

ところが、親や先生の言うことを良く聞く努力家で、はきはきとものを言い、何か問えば大きなリアクションで返してくれるような親切で明るい良い子が、実は心をぴたりと閉じているということがある。親も教育熱心でその子のことに一生懸命になっているし、親子仲もいいので、小学校の頃は問題を抱えていることなどまったくわからない。そういう子が、現実的なところでのつまずきをきっかけに苦しい状況になったとき、どれほどのものを抱えていたのかが初めて露呈することがある。

〈非の打ち所のないAさん〉

Aさんは、二つ下の妹とのふたり姉妹だ。彼女は幼い頃から、学習塾、水泳、書道、ダンス、ピアノと習い事に忙しい日々を送っていた。何にでも一生懸命で、能力も高いAさんは、書道でも賞を取ることが多かったし、ピアノのコンクールにも頻繁にエントリーしていた。人に対する気遣いもできるので、周囲にはいつも人がたくさんいた。小学校のときの担任の先生たちは、「授業中でも、ここでこういう意見が出るといいのにな……と思うときに、いつもAさんはさりげなくその役割をとっていた」と口を揃える。どこから見ても非の打ち所のない子だったのである。

それに引き替え妹のBさんは、姉と同じように始めた習い事も、「めんどくさい」「イヤだ」とごねて、結局、何も続かなかった。このBさんは姉と違って、親が望む価値観とはまったく違う方向性を好み、小学生の頃から派手な化粧をして何人かの子たちとつるむなど、真面目な家庭の様子からは少し外れた行動ばかりをしていた。

Aさんがつまずいたのは、中学二年の時だった。インフルエンザに罹患したあと、どうしても登校できなくなったのである。朝になると「頭が痛い」と言って布団から出てこない。病院に行っても特に問題はないと言われるのに、どうしても体調が戻らない。思春期には成長のプロセスのなかで体調がどうしても整わないこともあるので、そういうこともあるのではないかと医師からも言われていたが、そのまま登校できない日が続いていた。布団のなかで「体調さえよければ学校に行けるのに……」と泣くAさんを、両親はありとあらゆる病院に連れていき、さまざまな検査が行われたが何も異常は見つからなかった。

やがてAさんはスマホでゲームをするようになった。一日中、布団のなかでごろごろしながら、ずっとゲームをするのだ。そして、「ゲームをするくらい調子がいいんだったら学校行くか、勉強をしなさい。受験もあるのにどうするの！」という母の言葉にAさんは逆上し、「そんなことを言うなら、死んでやる!!　お母さんなんか、大嫌い！！　学校なんか行きたくない！！」と、近くにあった本や時計を壁に思いっきり投げつけたのである。それからというもの、彼女は体調が悪いということは一切訴えなくなった。そして、朝、登校を促すと、すごい形相で親を睨み、大きな音を立ててドアを閉め、そのまま部屋に閉じこもるようになったのである。

不登校状態が長くなっていることを心配した中学校の担任が、子ども本人が相談に行くことが難しいのであれば、一度、お母さんがスクールカウンセラーに話してみては……と勧められたのだった。

〈心を閉ざしている良い母親〉

Aさんの母は淡々と娘の様子を話され、「どうしたら元の娘に戻ってくれるのか、以前のような関係になれるのか、その方法を教えていただきたくて伺いました」と微笑まれた。「元通りということではなく、今、Aさんは新しい自分を見つけようとしていると思うので、それをどう支えていけるのかを一緒に考えていきたいです」と伝えた言葉はどこか素通りして、まったく届いていないような感覚があった。

そして「身体が悪くないのなら、行けるはずなのに、どんなに諭してもまったく良くならないんです」と眉を寄せた母に「そういう状態のお嬢さんをずっと見ておられるのもしんどいですよね……」と口にしたとき、「あ、私の気持ちとかは特にわかっていただかなくてもいいので、お気遣いなく。それよりもどうしたら娘が元通りになるのか、その方法を教えていただきたいです」と、さらりとした笑顔で言われたのである。

「気持ちをわかってもらう」ことを一切期待しないというのは、心を開きたいと思っていないということだ。Aさんの母の心の扉は（少なくともカウンセラーに対しては）固く閉じている。しかし、わざわざ相談室に足を運びながら、「気持ちをわかってもらわなくていい」ということをはっきりと言葉にされたことで、逆にそのことがAさんの母にとって大きな意味を持つことなのかもしれないと感じた。

心を閉じていることで何とか際どい安定を保っている人は、大人でも子どもでも、心を開くことをどこかで望んではいながらも、カウンセリングというような心を開くことを目指しているような状況に対しては、相当な警戒アラームが鳴り響く。カウンセリングを勧められた時点で、まったく必要ないとか、心の問題ではないと、頑なに断る人のなかには、心を開いて自分が無防備になることに対しての恐怖がベースに存在することがある。

きっとAさんの母にも、そのような恐怖があったのだろう。それに加えて、自分のせいで娘がこんなふうになってしまったというようなことを言われるのではないか、いや、言われないまでも、そんなふうに思われるのではないか、と恐れておられたのだと思う。しかし、学校側が勧めることを頑なに断るというようなあからさまなことをするのは、母の社会適応のスキルをもってするとありえない。とりあえずは相談には行くけれど、気持ちを話すわけではない。というのが、ギリギリの妥協点だったのかもしれない。そういう気持ちがこのような言葉として出て来ているのではないかと感じた。

実は、Aさんにスマホゲームのことを注意して登校を促したときに彼女がものを投げつけたというようなことや、その後、Aさんが体調不良も訴えず、ただ休みたいから休んでいる状態になっているということなどは、お会いし始めてから半年ほど経ってから聞いた話だった。

それまでは、どんなにAさんが明るくて元気な子であったか。努力家で、結果もしっかり出してきた子であったか。小学校の先生方からもらっていた評価はどのようなものであったか。それが体調を崩したためにこんなことになってしまった。体調を整えるために全力を挙げているけれど、何か良い言葉かけはないか、という話ばかりが繰り返されていたのである。

つまりAさんの母は、カウンセリングという場に足を運びながらも、全力を挙げて心を閉じておられたのである。良い妻、良い母でありたいと願い、そのために一生懸命努力をしてきたのに、それがAさんの挫折によって崩れてしまったという絶望感に向かい合わないよう、必死で気を張っておられたのだと思う。一度、ぽろりと「ここに来ると疲れます」とつぶやかれたことがあったが（一瞬、心の扉が開いてしまったのだろう）、それはそうだろう……と思っていた。

こんなふうにカウンセラーに自分のことをあれこれと思われることすら、その頃のAさんの母にとっては耐えられないことだったと思う。ところがこの緊張が、ある日、一挙に解けたかのように、涙ながらにスマホのゲームの一件について話されたのである。

〈心を開くことの大変さ〉

Aさんの母がそのような話をされるようになったのにはきっかけがあった。それは、Aさんが習っていたピアノの先生のひと言だった。Aさんは体調を崩して以来、まったくピアノのレッスンにも通えなくなっていた。偶然、そのピアノの先生にスーパーで母が出会ったとき、「Aちゃん、気が向いたときにはピアノを弾いたりしてますか」と聞かれた。「いいえ、まったく。学校に行かなくなってから、一度も鍵盤に触れてません」と答えたところ「そうかもしれないですね。彼女、ピアノに一生懸命でしたけど、楽しむという感じではなかったですものね。ピアノは気晴らしにはならないですよね」と言われたのだという。

その言葉を聞いたとき、母のなかに急に、「Aは、幼い頃から、ずっと無理をしていたのかもしれない」という感覚が湧いてきた。こんなことを感じたのは初めてのことだった。Aは、いろんな努力をするのが好きだから、それを自分は応援していただけだと思っていたのに、ほんとうはそれ自体が違っていた部分があるんじゃないかという想いがこみ上げてきた。あの子はピアノをまったく楽しんでなかったなんて、そのことにピアノの先生は気づいていたなんて……。ああ、でも、私はAがピアノを楽しんでいるかどうかということより、コンクールに出られるだけの練習をきちんとしているかどうかということばかりに気が向いていた。それこそがあの子を応援していることだと思っていたけど、あの子の気持ちはほんとうはどうだったんだろう……。そのようなことを涙ながらに縷々、話されたのである。

そして、お母さんがAさんの今までの様子に対して心を開いて向かい合うようになってから、Aさんもお母さんに心を開くようになった。このように言うと、それから見違えるようにAさんの様子が良くなった……というようなミラクルな展開を期待されるかもしれないが、そういうことはすぐには起こらない。ここからが実は大変なのである。

Aさんは、今までどれだけ自分がお母さんを喜ばせるために頑張っていたのかということを、毎日、毎日、訴えかけるようになった。明るくて元気で、良い子にしていないと、Bのことで苦労しているお母さんに余計に苦労をかけるから、すごく無理をしていた。でも私はこんなに努力して頑張ってるのに、Bはあんなに悪い子でも平気で生きている。それがうらやましかった。書道も、銀賞をとったときも次は金賞を狙おうねと言われてものすごく、苦しかった。ピアノも、自分で弾きたいように弾いてると、それではコンクールでの評価が低くなるってお母さんに言われたのもイヤだった。でも、全部、我慢していた！と、微に入り細に入り、あらゆることを怒濤のように訴えてくるのである。

ずっと心を閉ざして良い子をしていた子が、いったん、心を開くと、溜まっていたものが、こういう形で噴き出してくることがある。お母さんは、Aさんの話を否定せずにそのままに受け取りながら、自分も夫に対して、無理をしていたのである。良い変化というのは、このようにかなり辛い形をとって出てくることがほとんどなのである。お母さんは、Aさんの話を否定せずにそのままに受け取りながら、自分も夫に対して、無理をして良い妻でいる努力をしていたのだということにも気づきはじめた。そうすると、今まで夫に対して感情をあらわにするようなこともなかったのに、夫に文句を言うことも増えてきた。ちょうどいい心の開き方を家族で模索する途上は、ほんとうに家族中がごたごたする。そんななか、Bだけは、何だか一生懸命、部活や勉強に励んだりするようになるなど、不思議なバランスも生じ、家族全体での変化が少しずつ進んでいったのである。

このように、心を閉じている間は何も見えなかったものが、心が開かれることによって、大きく変わることがある。ぎゅうぎゅう詰めになって溢れそうになっている押し入れの整理をしようとすると、いったん、きれいに整った部屋にその押し入れの中身をぶちまけないといけなくなる。そうすると、片付けをしているのか、散らかしているのかわからないくらい、家が大変になることがある。しかしそこでしっかりと整理をして、もう一度、ちゃんと整えると、無理をして詰めていた押し入れも片付き、生活がしやすくなる。閉じていた心が開かれ、それによって、家族全体が変わるときに起こっているのは、こういうことなのではないかと思う。

〈子どもの心を開く方法〉

閉じている子どもの心を開く方法というのは、実はとてもシンプルである。毎日、気持ちよく過ごせるように清潔な服を着せてやり、お風呂に入れてやり、ゆっくり休める寝床を用意する。そして美味しくて新鮮な食べものを一緒にとる。まったく反応がなくても、優しい声で話しかける。そういうことを、ただ、何の見返りも期待せずに毎日すれば良いだけである。つまり、この世に生まれてきてまだ心の開き方を知らない赤ん坊に対して、親が「ふつうに」するであろうことをするだけで、心は自然に開いていくのである。

この「ふつう」が実はとても難しい。子どもの身体のケアが行き届かないという、とてつもなく「ふつう」から逸脱している家庭も多く存在する。一方で、子どもの教育にとても熱心な家庭で最も難しいのが「何の見返りも期待せずに」という部分であろう。子どもに期待をかけるのが悪いわけではもちろんないが、そこに親の見栄や体裁が加わってしまうとき、子どもの心は閉じていく。それでも子どもは親に好かれたいので、良い子ほど期待に応えたいとほんとうに努力する。何かができることによって評価を受け、その評価があるからこそ自分は親に見捨てられずにいるんだ、ありのままの自分ではだめだからと、心を閉じている人はけっこう多い。

『アナと雪の女王』（ウォルト・ディズニー・アニメーション・スタジオ制作、二〇一四年日本公開）で、「ありのまま」という言葉が繰り返されるサビのフレーズが大評判になっているが、他者からの期待に応えた自分とは違う「ありのまま」という言葉が何か今を生きるひとたちの心に深く響いているのかもしれない。

（初出・二〇一〇年八月）

追　記

この頃の臨床では「ありのままで生きたい」「ありのままの自分を大事にしたい」という言葉をよく聴いたな……と思う。

キャッチーな言葉というのは、その時の自分のもやもやとした気持ちをひと言でギュッとつかみ取ってくれるので、複雑なあれこれはあるものの、とりあえずそれは排除してそのひとつの言葉に頼りたくなるときにはつい、使いたくなるのだろう。

そういえば、最近は「ありのままの自分で生きたい」というような言葉は臨床場面でほとんど聴かなくなった。

第8章　鏡の中の思春期　その一

――『ハウルの動く城』の美と醜――

〈鏡との付き合いのはじまり〉

電車のなかやカフェのテーブルで平然と化粧をしている四十代や五十代とおぼしき女性の姿を見ることが増えてきた。それが、いわゆるオバタリアン（死語）ならば、何もめずらしいことではない。そうではなく、『美STORY』（光文社、二〇〇二年創刊）だの『Precious』（小学館、二〇〇四年創刊）だのというお洒落コンシャスな雑誌を精読していそうな人たちがしているときがある。公衆の面前で鏡を真剣にのぞき込んでマスカラを塗るなどというのは、十代かせいぜい二十代前半の人たちに限られるものだと思っていたが、そうではないのだ。

さて、鏡を見る時間が異常に長くなってきたら、それは思春期に入った証拠である。思春期ほど鏡をよく見る時期はない。

小学三、四年頃からこの鏡との付き合いが本格化する子もいるが、中学、高校がそのハイシーズンだろう。授業中でもいきなり鏡を出して、前髪やまつげをチェックしたり、休憩時間に数人の女子が手鏡で自分の姿を見ながら、輪になって話していたりする様子を目にすることもある。また家では勉強机の上に手鏡が標準装備され、暇さえあれば鏡を見続けるようになる。洗面所の大きな鏡に裸体を映し、筋肉チェックに余念がなくなる男子も多い。

このように鏡と過ごす時間が長くなる子もいる一方で、鏡に自分の姿が映るのを極端に嫌って、家中の鏡を裏返したり布をかけたりする子もいる。そして学校や街でも、鏡やガラスに思いもかけず自分の姿が映ると、とたんにぎこちない所作になってしまう。これは行動としては鏡に見入る子と真反対のようであるが、鏡に映る自分の姿を過剰に意識しているという点では、まったく同じことだろう。

自分の身体や顔を映すものとしては、鏡の他に写真がある。特に女の子にとってプリクラは欠かせないアイテムである。何百枚というプリクラが貼り付けてある分厚いプリクラ帳を見せてもらうことも多い。プリクラに一緒に写ってくれる友人がいるということがどれほど大事なことなのか、そのコレクションの披瀝の様子から伝わってくる。このようにプリクラは友人同士の関係性の確認行為として撮られているが、プリクラにはそういう側面の他に、もう一つ重要な特徴がある。それはプリクラが鏡に向かってポーズを取り、そこでチェックした姿がプリントされるという構造を持っているということである。そのうえ、最近のプリクラは実際の自分よりも目は二割方大きく、輪郭はすっきりとし、どうかすると本人だとわからないくらいに劇的に変わる。プリクラがヒットし続けているのは、この鏡のようなモニターと、外見の大幅な上方修正技術にあると思う。

思春期の入り口に立った彼らにとって、自分の外見が重大な関心事になっているのは、他者から見られる自分についての意識が高まってきているからなのは間違いない。いわゆる「自意識」が過剰になっているのだ。

その意識が外見のほうには一切いかず、知識とか自分がこだわりをもっている特定の分野のことに夢中になる子ももちろんいる。しかし多くの子たちは、表面に見えている外見に強く意識を向けるようになる。外見に意識が向くのは、不用意に自分の内面などに意識を向けたら、そこにあるあまりの混乱ぶりと醜悪さに自己嫌悪に苛まされることになるからだろう。だから外見という表面を自分なりに意識して作り込み、混乱に直接向かい合わないように結界を張っている部分もあるように思う。

しかし、そのような内面の混乱などというものの存在などは「無いこと」にして、外見という表面だけが自分のすべてということにしてしまうこともよくある。そうするとより一層、自分の顔や体型に対しての強いコンプレックスに悩まされることも多くなる。そして外見の問題が自分の本質と直結してしまっているから、「美容整形さえすれば自分は生まれ変われるのに」といった、外見を変える働きかけを強く願う気持ちも生まれてくる。また自分でオシャレであると信じている服装やカッコイイと思ってしている髪型を他者に認められること、イコール、自分自身を認めてもらうことになっているため、大人からその外見に対してちょっとでも文句を言われると、自分の本質を否定されたと感じて不機嫌になり、強く反応してしまう。

また、男子などは特に、内面を作っていくプロセスが筋肉という目に見えるもので自分が変わっていくプロセスと重なることもある。自分の気持ちなどについてはまったく話せない男子でも、筋肉がどれくらいついたのかという話題には食いついてくることが多い。

〈『ハウルの動く城』における外見と内面〉

さて思春期の外見と内面について考えるにあたって、今回は思春期の人々の心を動かしている流行りものではなく、宮崎アニメから考えてみたい。そう、外見にこだわりまくるイケメン（ハウルのことです）が出てくる『ハウルの動く城』（スタジオジブリ制作、宮崎駿監督、二〇〇四年公開）である。

ハウルは、外見が命である。実際は黒髪だが、魔法で美しい金髪にしている。ところがその魔法がうまく働かず、元の黒髪に戻ったときには、「絶望だ」「もう終わりだ」「美しくなかったら生きていたって仕方がない……」などと、いい加減にしろと言いたくなるほど（ソフィーもキレていた）極端にネガティヴになり、闇の精霊を呼び出すほど落ち込むのである。

それほど外見の美しさに自分のすべてを賭けているハウルであるが、彼の住む城は、奇っ怪な形をしている。化け物のような姿にも見えるつぎはぎだらけの城なのだ。そしてタイトルにもあるように、それはただの城ではなく、「動く城」なのである。ハウルの心臓（命）を司っている火の悪魔カルシファーがその城の中心にいて、城を動かしていることから考えても、この城はハウルの第二の身体と言ってもいいだろう。つまり、彼の生身の外見は誰をも虜にするほど美しくもあるが、同時に、その城の外見の形状に現されているように、複雑な複合体（コンプレックス）も同時に抱えて生きているということが示されている。しかも、その城の内部は信じられないほどに汚れ、混沌としているのである。

このハウルの城に、九十歳の老婆に姿を変えられたソフィーが、「掃除婦」として入ってくる。それはハウルの内面の混沌の「掃除」をする役割をソフィーが行うということの暗示だろう。そしてその掃除のプロセスのなかで、さきほど紹介したような黒髪に変化するというようなことも起こってくるのである。

外見が素に戻ることとイコール弱い内面を晒してしまうこと……と感じたから、ハウルは黒髪になっただけであれほど落ち込んだのだろう。でもハウルの場合は、もうひとつの身体である「動く城」の外見が、彼の複雑なコンプレックスそのものを現しているから、その意味では、外見イコール内面をそのまま晒している状態だともいえるかもしれない。生身のハウルの外見の美しさを担保するものは、もうひとつの自分の身体性（動く城）の醜さなのだ。

一方、ソフィーは、自分（の容姿）にまったく自信がない。妹は非常に美しく男性からも人気があるが、自分は男性にはまったく縁がないと思っているのでそのことに対しての葛藤もなく、ごく当たり前のように諦めている。そんなソフィーがハウルと接点を持ったことから、荒れ地の魔女がソフィーに呪いをかけにやってきて、ソフィーの姿を九十歳の老婆に変え、「その呪いは人には話せないからね」と言い残して去る。そしてカルシファーからも、「こんがらがった呪いだね」と、その呪いが単純なものではないことについて指摘を受けている。

それにしても若い女性が急に九十歳の老婆になってしまったのに、案外、ソフィーは狼狽しない。いやふうに驚いてはいるのだが、翌朝には、鏡に向かって「大丈夫よ、おばあちゃん。あなた元気そうだし、服も前より似合ってるわ」などと笑顔をつくり、家を出て行くのである。

そして、これはこのアニメを見た方は、みな思われたと思うが、ソフィーの老婆っぷりというのが、場面によってずいぶんと変わるのである。九十歳バージョンのときもあれば、七十代に見えることもあるし、これはどう考えても五十代だよねというシワのより方だったりする。老婆とひとくくりにできないようなあまりにブレのあるソフィーの外見に、最初は、ジブリの作画力と人物設定のチェックが甘くなっているのではないかと心配になっていた。

しかし、明らかにソフィーの外見が変わるときがある。それは寝ているときや、ハウルのことを想っているときである。その時には、ソフィーはもとの若い姿に戻っているのだ。ある場面では、せっかく若い姿になっているのに、話の流れで急に「私、きれいでもないし、掃除しかできないから」と、つい翳りが出てしまう。そんなソフィーに「ソフィーはきれいだよ」とハウルは真剣に言う。しかしそのとたんに、ソフィーは老婆（推定八十歳くらいの）になってしまい、「年寄りのいいところは無くすものが少ないことね」と笑ってハウルの言葉をかわすのである。

その場面を見て、やっとわかったのである。そうか。ソフィーが荒れ地の魔女にかけられた呪いというのは、九十歳の老婆になってしまう呪いではなくて、ソフィーの内面の状態が、そのまま容姿に現れる呪いだったんだ。だから、状況に応じてソフィーの内面が変わると、その都度、それっぽい年代の容姿になっていたのだ（ジブリの作画力の問題ではなく！）。「その呪いは人には話せない」ものであるし、「こんがらがった呪い」だというのは、呪いを解くためには、ソフィーが、自分の内面のありようを変えるしかないということだったのだと考えると、すっきりする。そしてこの物語のなかでは、ソフィーが自分に否定的な暗示をかけるのを止めたときから、彼女の外見は若いままで固定し、変化しなくなっていく。

思春期における外見と内面の問題を、ハウルとソフィーのそれぞれのパターンで、違う角度から照射している作品だと考えながらこの『ハウルの動く城』を見直してみると、いろんなことが考えられるように思う。冒頭に紹介したアラフォー世代の人たちは、ハウルのように外見を整えることに必死になっているように見えるが、もしかしたらこの人たちの城である家のほうは、大変なことになっているかもしれない……。もしくはこの人たちは、実は思春期の女子なのに、呪いによって四十代や五十代にされているソフィーなのかもしれない。だからつい、行動は思春期になってしまうのだと考えたら、納得がいく。そう、近頃の思春期心性の年齢の幅は、アラフォーまで軽く含まれるのである……。

（初出・二〇一〇年八月）

第9章　鏡の中の思春期　その二

〈家族での記録映像〉

最初の子どもが生まれたときに、デジカメやビデオカメラを新調されたご家庭は多いだろう。子どもの成長の記録を残す、というのは、親にとってこの上ない喜びである。そして子どもにとってもその記録は、親がどのような視線を自分に向けてくれていたのかを、目に見える形で確認する体験にもなる。東日本大震災でも、瓦礫のなかから発見された家族の写真が、どれほどかけがえのない絆の記録として人の心に響くのか、痛いほど伝わってきた。

しかしその一方で、カメラやビデオで運動会や学芸会などを必死で撮影していると、その行事自体の印象は薄くなってしまったという体験をされた方もあるのではないだろうか。ビデオでずっと我が子をアップにして撮ることに夢中になっていたら、結局、何の劇で、どういうストーリーだったのかまったくわからなかったと頭をかいておられるお父さんもいた。うまく写すことばかりに気をとられているため、その場での体験は、かなり限定されたものになってしまうのだ。後になって画像を再生して見たときになって、ああ、こういうことだったのかとやっとでわかることもある。

その時の一回きりの我が子の様子を目に焼き付け、家族共通の体験として味わうことのほうが、思い出の解像度は上がり、印象深く鮮やかにこころに残る可能性が高まるように思う。いつでも再生可能の便利な「記録」を残すのか、「記憶」に残すのかという判断も時には必要になってくる。たくさん残された「記録」は、撮ることで成仏してしまい、案外、見返すことも少なくなる。

「ものが豊かになり、便利になってくると、こころを使わなくなる」ということはよく言われている。その時の、一回しかない体験を大事に味わい、それをこころの奥で静かに保ちながら未来への滋養としていくようなことが、たくさんの「もの」でごまかしがきく便利な世の中ではどんどん難しくなっている。「かけがえのない」ということがピンときにくくなってしまうのだ。

今回は、そんななかで育っている子どもたちの思春期について、写真や映像の切り口から考えてみたい。ではまず、思春期の子にとって自分の顔や姿を写す映像がどういう意味をもつのか、そのあたりから考えてみよう。

〈鏡を意識する時期〉

「自分の顔って、自分で見れないじゃないですか。そのことに気がついてから、しょっちゅう鏡を見るようになったんです」と、中学二年の男子、Ａくんは話し出した。彼は最近、仲良くしていた友だちと、何だかしっくりいかなくなり、部活でも教室でも孤立している。でも今までみたいに馬鹿な話で盛り上がるのも面倒だった。「何だか、つきあってきた奴らが、悪い奴らじゃないんだけど、すごく馬鹿に見えてきて、つい上から目線でものを言ったら、何だか気まずくなっちゃって……」と目を伏せて、右の胸ポケットから鏡を出し、上目遣いで鏡をじっと見て、またポケットにしまった。この一連の動作があまりにも自然だったので、彼にとってこれはほとんど習慣化していることなのだろうと思った。

自分はいったいどういう人間なのだろう。他人からはどういうふうに見られているのだろうか。このようなことをもんもんと考えるようになったとしたら、それは思春期に入ったしるしである。このAくんも、このテーマにぶつかっているようだった。そうすると自分にも、子どもっぽい気安さで仲良くしていた友人との間にも、今まで感じなかった違和感が生じてきて、居心地が悪くなってくる。この居心地の悪さこそが、成長の痛みなのだが、それを自分の胸のなかにだけ抱えておくことはなかなか難しい。そのためAくんも、友人だけでなく先生ともぶつかったり、家族とも大げんかをして家出をしたりと、いわゆる「問題行動」が出ていたのである。

自分って何なんだ？　という思春期的な問いは、ものすごく表面的な行動としても現れる。それは、前章でも述べたが、必要以上に鏡を見るようになるということである。Aくんもそうだった。彼は「人からどう見られているのかがすごく気になる」と言っていたが、それはどう評価されているかという意味よりも、どのように「見えて」いるのかという、非常に現実的な意味も含まれているようだった。Aくんのように自分とは、とか、人からどう……などと、具体的に深く考えている子はもちろん、そんなことを考えていない子でも、自分の顔形がどう「見えて」いるかについては、強い関心を示すのが思春期なのだ。

Aくんに言われて、改めてそうだなと思ったのだが、身体や手足は自分の目で直接見ることができても、自分の顔だけは、鏡や写真やビデオで客観的に写されたものを見ることしかできない。自分の顔というのは、他者に開かれているものでありながら、自分では直接見ることができないという、盲点になっている部分であるとも考えられる。そのため顔テーマは、自分とは何なのか、自分は人からどう見られているのかという思春期テーマに直結しやすい。そのテーマに（顔を通じて）アクセスするためにもっとも直接的な方法が、鏡を見るということになるのだ。

このようなことから考えても、前章で述べたように、鏡を見る時間が異常に長くなってきたら、それは思春期のテーマを生き始めた証拠と言ってもいいだろう。早い子は小学三、四年生頃から、この鏡との尋常ではない付き合いが始まる。お風呂上がりや、ひとりで部屋にいるときなどに、飽きることなく（どうかすると何時間でも）鏡をのぞき込むようになるのだ。

〈一瞬の発見の大切さ〉

さてAくんである。「自分の表情がすごく不自然だったり、変だったりしても、それって自分じゃわからないじゃないですか。今、こうやって話しているとき、相手からはどういう顔に見えてるのかとか、気になるんですよ」と、Aくんはまた眉を寄せて鏡を出した。「話しているときの君は、今、鏡で見てる顔よりもずっと自然な表情をしてるよ」と伝えてみたものの、「そっすか？　でも自分で見るとすっげー固い感じなんで」とそう簡単に納得できないようだった。思春期の「自意識」というのは、このように本人を苦しめるのだなと感じる一方で、彼にとってこの自意識が特に強く発動する「相手」というのは、今、目の前にいる大人である筆者や、学校の先生などではなく、身近な同級生や部活の先輩というごく限られた人たちなのだろうと思った。

このAくんのように鏡と過ごす時間が長くなる子もいる一方で、鏡に自分の姿が映るのを極端に嫌うようになる子もいる。単に無精だから外見を整えることに関心がないというレベルを遥かに超えて、頑なに鏡を見ることを拒んだり、顔を髪で覆うようにして隠したりするようになる子もいる。これは一見、鏡に見入る子とまるで真反対のようであるが、自分の顔を過剰に意識しているという点から考えると、同じテーマが動いているといえるだろう。

「親が、朝、すごくうざい。早く洗面所から出ろとか、いつまで髪いじってるんだとか、いちいちうるさくて、朝からキレそうになる。ほっとけや、って感じ」とAくんは不満げに唇をとがらせた。「キレそう」だけでなく、実際に「キレ」て、洗面所のドアを蹴り壊してしまい、親からものすごく怒られたのが、家出の原因だったということも、その後ぽつぽつと彼は語っていた。

Aくんのように、中学生や高校生になると、朝のヘアスタイルのチェックにとてつもない時間をかけるようになる子が増える。たとえ自転車通学でヘルメットをかぶって、せっかくセットした髪がすぐに押しつぶされようが、朝の貴重な時間を何十分も鏡の前で過ごす子も多い。そういう子を見ているといったいどれだけ無駄に髪をいじれば気がすむのかと、親は朝っぱらから気持ちがかき乱されてイライラしてくる。Aくんの親が彼に言ったように「もう、どんなにいじっても一緒よ」「それだけ時間をかけてどこが変わるっていうのよ」と言いたくなるが、そんな言葉ごときで彼らがヘアスタイルへの取り組みを止めることはない。ほんとうに、これ以上ないくらい真剣な作業なのである。

「カッコばっかり気にしている」としか思えないような行動の裏で、彼らは何を求めているのだろうか。

実のところ、思春期の子どもの側からすると、一瞬でもいいから、鏡のなかの自分（の顔）に納得することが切実に必要になっているのである。他者から見られてもいい（と自分で思える）自分の姿を鏡のなかに発見できない限り、よし、と、鏡の前から離れる気にはなれないのだ。その一瞬の発見のために、大人視点での合理的な考え方からすると、膨大な無駄な作業と膨大な無駄な時間を費やすことになるのである。

しかしこの鏡のなかの「一瞬の発見」は、思春期を生きている子にとって、自分と社会の接点を見いだすための重要な発見なのだ。そしてそれは、一度発見できたからもういいというものではない。毎朝、繰り返し発見しなければならないのである。大げさな言い方であるのを承知だが、まるでそれは儀式によって神を感じる礼拝が毎日のように繰り返されるのと同じくらいの意味をもつ行為なのだ。だから、いきなり家の洗面所が礼拝所になるような異様な雰囲気が漂う真剣さに、日常的な感覚からすると、「異常」だと言いたくもなるのである。

〈プリクラの変遷〉

「えー？　プリ帳？？　そんなの持ってる子、もういないよー。ノートとかにたまに貼るけど、でもたいていは撮ってそのまま財布のなかだったり、適当にそこらへんに散らばっていたりする」と、中学三年のＢ子さんは笑い飛ばした。プリクラ帳（プリ帳）などを大事にしていたのは、小学校の低学年のころだったらしい。

前章でも述べたが、以前は中学校に行くと、何百枚というプリクラが貼り付けてある分厚いプリ帳を女子生徒から見せてもらうことがよくあった。そしてそのコレクションの披瀝の様子から、どうやらこのプリ帳をいつも持ち歩いていること、そして友人同士の関係性の証として、鏡のようなモニターに映った自分たちの一瞬を焼き付けたプリクラを（特にその時の自分の顔を）飽きることなく眺めているのだなということが伝わってきていた。プリクラを見ながら、これは誰で……これはこの子の友だちで……と、話してくれる子も大勢いたが、「えー、この子とはプリ撮ろうって言われたから撮っただけ。別に他のときに遊んだりはしない子」などと、社交辞令ノリで撮られるプリクラや、「あげるって言われたからもらっただけ」と、どうでもいい扱いを受けているプリクラもたくさん貼り付けてあった。また、もう付き合いのなくなった友人とのプリもそのまま貼ってあり、プリ帳というのは、関係のはかなさを刻印し、その歴史をそのまま抱え込むものとして存在しているのだなという感覚があった。

ところがB子さんが言うように、最近はそのような分厚いプリ帳を持っている子はほとんどいなくなった。それは、撮影したプリクラを携帯に送信することができるようになったというのも大きく影響しているだろう。プリクラが登場した当時は、何人かで写ったら、シールにプリントされたものをハサミで切り分け、一枚ずつ手元に配ったりする手間が、そのプリクラを貴重なものにしていくプロセスになっていた。ところが、簡単にケータイに転送できるようになると、もはや貼り付けて見るというプリ帳の存在意義はほとんどなくなったのだろう。

プリクラの機種もいろいろと変わり、当初は目が大きくなるなど外見が上方修正される心地よさが受けていたが、あまりに加工が強くなると、自分自身であるという感覚も持てなくなるらしく、鏡に映る自分をプリントしたものという実感も薄れるのか、以前ほど熱心にプリクラに向かう子はいなくなっているように思う。

ケータイをまだもっていない中学生たちに話を聞いても、「プリ帳？　そんなの持ってる人いない」と言う。撮る行為は関係性確認で行うにしても、その結果としてのプリクラの写真はずいぶん軽く扱われるようになっているのを感じる。その瞬間瞬間の関係の歴史をひとつにまとめていたプリ帳の消滅は、思春期の子たちの体験の質の変化にも呼応しているような気がする。プリ帳が大事にされている間は、（シールで貼るという便利なお手軽さが、「重要なもの」という意識を持ちにくくはしていたが）まだ、何かの「かけがえのなさ」の体験の片鱗は残っていたように思うが、撮った瞬間にもう見返すこともなくなるプリの写真は、その片鱗も留めることができなくなっているのだ。

〈いつでも撮れる写メ〉

Ｂ子さんは、学校での人間関係にさほど大きな問題は見られなかったが、教室でじっとしているのが苦痛で、よく抜け出して保健室に行っていた。彼女もＡくんと同様、朝の洗面所での礼拝には熱心なようで、コテで髪をまっすぐストレートに伸ばすのにかなりの時間を要し、そのための遅刻が多い時期もあった。

「いつ、コテを当て終わったらいいのかがわかんなくなってた。お母さんに聞いたりしてたけど、お母さんは、ハイ、もうきれいきれいって、早く終わらせたいからすごくいい加減なこと言うからあてになんなくて」と、髪に指を入れながらＢ子さんは語った。「そんで、その時に写メで自分撮りすることにしたの。そしたら、鏡で見てるより、写メで見た方が安心できるから、それで終わる」ということになったらしいのだ。鏡のなかの自分を、どこまで整えていいのか、その境界がわからなくなったとき、写メの自分撮り機能によって、より客観的に自分の状態を見ることで、区切りをつけることが可能になっているらしい。

高校二年のＣくんは、ちょっとでも気になることがあると確認したくなったり、その確認行為をいつやめたらいいのかの判断がきかなくて中学のころから困っていた。ところが、ある時に、「写メで撮るといいことがわかったんですよ！」と喜びの報告をしてきた。「窓を閉めたかどうか気になったら写メにとって見る。気になるものがあっても今までだったら引き返して確認していたけれど、気になった瞬間に写メにとって見る。そうすると、もう気にしなくていい」と言うのである。

言うまでもないことだが、確認や手洗いをしなくてはならないという「強迫症状」がある子が、すべてCくんのように写メで簡単に解決するわけではない。しかし、思春期の強迫症状というのは、自分と外の世界との境界が曖昧になってしまうことを恐れ、その境界（きれいになったか、ならないかとか、ちゃんと締めたか締めなかったかなど）をしつこく確認することで、自分のなかの「かけがえのなさ」を必死で守るために形成されていることもある。B子やCくんのように、境界をはっきりさせるために写メを使っていることなどを聞くと、それはそれで簡単かつ便利でいいなと本気で思うのだが、同時に、この子たちにとって思春期特有の内面のありようという「かけがえのなさ」も少し軽くなってしまうのではないかというような懸念もある。

便利になってきたため一回の体験の「かけがえのなさ」が薄れて来ていると先に述べたが、いつでも写メが撮れる日常というのは、体験の質も変えていっているのだと感じる。

鏡、プリクラ、写メと、自分を写す便利なツールはどんどん増えてきた。何を通して自分を見るのかは、思春期のこころにも影響を与えているのである。

（初出・二〇一一年一二月）

追記

写メという言葉も死語になった。今は、写真とか画像というのが一般的だろう。自撮りを鏡の変わりにしている人たちも多い。

写真の加工はどんどん進化（というかサイボーグ化？）し、本人なのかどうなのかもわからないような大きな目や尖ったアゴにしているものを見せてもらうことが増えた。そのように加工して局限まで盛った、素の自分とはかけ離れた「カワイイ」をＳＮＳで共有できる仲間とシェアすることが何より大事になっている一群のひとたちがいる。そしてシェアできて、いいね！をもらえて初めて、関係性の内側に自分がいるという安心感や自己愛的な満足を得ることができるようだ。反応がなかったときの落ち込みたるや、それはもう……。

加工して盛った自分というのはリアルとは似ても似つかないのだが、リアルな自分との違いに苦しむことはなく、その落差はまったく気にしない。プリクラ帳という実体が手元にあるときには今ほど表面化していなかったが、やはりネットのなかでは、年齢や立場だけでなく、リアルと加工のボーダーすらなくなっていくのだと感じる（なかには、盛った自分にリアルの自分を近づけるために整形したいと言う人もいるが、それは案外少ない）。

そしてそれまでは盛った挙げ句の「カワイイ」を共感的にシェアできていたのに、突然、シラケて止めてしまう子が出てくることがある。それはある意味では、リアルな自分に対しての覚醒であり、ある種の成長であるとも言えるのだが、そこでの変化のスピードのズレからトラブルが起こることがあるのだ。

それまでの「盛ることで楽しんでいた自分」への嫌悪（それは黒歴史として葬りたいと思うほどになることになることもある）を、シェアしていたグループに対して感じるようになる。その嫌悪をＳＮＳで「盛った自分がカワイイと思っているあの人たちはイタイ」などと発信したのが、もとのグループの人たちに知るところとなり、大きなトラブルに発展することもある。

ＳＮＳが日常になった今、鏡（自撮り？）の中の思春期をめぐるトラブルも多様化している……。

第10章　協調と競合のアイドル

――嵐は思春期を変えうるか？――

〈アイドルという存在〉

何なのだろう、この嵐の強さは。と言っても、それはこの冬に吹き荒れた大寒波のことではない（当たり前だ）。アイドルグループの嵐のことである。嵐の大ブレイクを招いた要因などは、それぞれのメンバーの基礎能力の高さや、才能の豊かさ、そしてそれを鼻にかけず密かに努力をし続けることや、作品に恵まれたことなどいろいろに分析されているが、ここでは、思春期の目線から考えてみよう。

二〇〇四年から二〇〇七年の始め頃まで、思春期女子から主に話題に出てくるアイドルは、NEWS、関ジャニ∞そしてKAT-TUNがメインだった。SMAPなどは親がファンだという流れで話題に出て来ることもあったが、「嵐？　はあ？　知らない」みたいな反応がほとんどだった。そして先にあげたようなデビューしたてのオラオラという勢いのあるグループや、自分たちの年齢に近いデビュー前のジュニアに夢中になっている子が多かった。まして男子から積極的に男性アイドルの話題が出ることなどほぼ皆無だった。

あくまでも面接室で会った子たちの印象であるが、そのころのアイドルについての語りにはある種の特徴があった。当時の用語では、自分がいいと思うアイドルのことを「担当」と言うのだが、この自分の「担当」（「自担」という）に対して、少しでも別の見方を提示されるのが嫌なので、同じ「担当」同士では親友になれない（これを「同担回避」という）という子が多かったのである。

同じ担当だと、好きなポイントが百パーセント同じだったらいいけれど、ほんの少しでもずれがあると、その途端に関係がダメになるという体験をしている子が何人もいた。そのため、最初から同じ担当の人とは友だちにならないように注意したり、本当は相手と同じ担当であっても、あえて自分はその担当ではなく、ニアミスのように同じユニットの別の人の担当のようなふりをするのである。また友だちになろうとしている人が同じ事務所のアイドルが好きだとわかると、相手の担当と自分の担当が重なっていないかどうか、どれほど慎重に探っていく努力をしているのか事細かに語る子もいた。

そのような話を聴くにつけ、彼女たちにとっての友人同士のコミュニケーションとは、通じ合うポイントや、違う見方をしているポイントを見出していくプロセスを楽しいと考えているわけではないということがよくわかった。友だちの感じ方に触れることが自分の感覚の幅も広げていくことにつながるという、共感をベースにした友人関係を持つうえでの醍醐味を避けているのである（というか、そういうことを醍醐味とも思っていない）。自分の思い入れがあることに対して、ちょっとでも違う視点を加えられるとそれは自分にとって受け入れ難いことであるという前提があるため、逆に相手の地雷も踏みやすいと考えている。同じ担当だとまるで地雷原を歩むように、決定的な亀裂が入るきっかけがどこに埋まっているのかわからないので、そんな危険は前もって回避しようとしているのだ。

たとえば、KAT-TUNが好きという、同じユニットのファンであるという通じ合う基盤があっても、その基盤を通じて相手のことをより深く理解していこうというような努力は放棄されている。KAT-TUNの話をするにしても、それぞれの「担当」の話をし、自分の担当の話について相手が同じような熱を持っていないことが安心材料になるのだ。はたで聞いていると、どこか一方通行ですれ違うようなコミュニケーションになっていたとしても、そういう一方通行ができる「場」を持っていることに意味があるようなのだ。これはかなり自閉的なコミュニケーションの仕方と言えるだろう。

特にこのような語りは、その当時、圧倒的にKAT-TUNを通じて語られることが多かった。確かに、その時期はこのユニットにとって一番、勢いがついていた時期だったから頻繁に話題に上っていた部分もあると思う。またKAT-TUNというユニットの特徴が、思春期女子を刺激していた部分もあるだろう。このユニットの特徴とは、強い意志があり、同じグループであっても自主自立で自己主張がはっきりしていて、とにかくハングリーで上昇志向がある、というようなところである。アイドルはあくまでもイメージ勝負であるので、実際のところはわからないが、このユニットにはこのようなイメージが付与されていたのは間違いない。そして、赤西と亀梨というツートップの関係性は、仲良しというよりは馴れ合わない競合相手であり、この二人それぞれが自分の個性を発揮している上でちらっと見せるお互いへの関心のありように対して「萌える」人たちもいた。しかしKAT-TUNのコンサート会場では、赤西の担当の人たちがあからさまに亀梨のことを無視するなど、同じユニットのコンサートなのに、和やかに盛り上がるばかりではないという様子も思春期の子から聞いていた。

〈思春期集団の特徴とアイドル〉

こういう様子は、思春期集団のあり方をどこかで正確に反映している。彼女たちは、自分が属しているグループの数人の人たちには、信じられないくらいの労力を使って関係を維持することに汲々としているのに、自分が重要と思わない人に対しては、ほんとうに無神経な言葉で傷つけることがある。心の裏の裏まで読んで、想像力を駆使して嫌われないように最大の努力をするという能力は、ごく限定された人に対してだけ駆使されている。

たとえばそれは、担当である赤西には力一杯想いを向けるけれども、担当ではない亀梨に対しては攻撃とも言えるような無視の仕方をしてもいい、という判断にもつながっている。グループの成員には信じられないくらい気を遣っても、それ以外のクラスメイトには平気で暴言を吐くのと同じように、「自分が好きなメンバーが所属している同じKAT-TUNのメンバーなのに」とこっちは考えるのだが、そんなことはまったく関係なく、とことん攻撃したりするのである。

もちろん、これはこの事務所のアイドルを好きな子たち全部に言えることではない。自分の担当以外のメンバーも気持ちよく応援したり、メンバー同士の関係性に萌えて、インタビューでの言葉の裏を読み込んでそのことを友人たちと楽しく共有している子たちもいるし、いろいろなユニットを暖かく応援している子たちも大勢いる。言ってみれば、そういう子たちは、とても伝統的なアイドルの楽しみ方をしていると言えるだろう。しかし、二〇〇四年あたりからは、上記のようなちょっと違う観点でのアイドル話もよく聞くようになったのである。

〈ジャニーズ語りの規制緩和〉

注…二〇二四年現在の状況を鑑みて、ここまでのところで、ジャニーズという言葉は、すべて男性アイドルとか、男性アイドル事務所と言い換えていたが、ここからの考察については、当時の言い方でなければ伝えられない用語もあるので、この項ではジャニーズという言葉で示すことにさせていただきたい。

ところでジャニーズについて語るうえで避けられないのは、ジャニーズに夢中になっている「ジャニヲタ」であるということは、人にあまり大声で言えないような恥ずかしいことだと考えている思春期の子が多いということである。なぜかジャニーズのファンであるということは、他の若手俳優やアーティストが好きということよりも複雑な気持ちを引き起こすことがあるようだ。

彼女たちは、ジャニーズがなければ生きてる意味がないほどに大好きなのは確かだけれど、休憩時間とはいえ、教室というオフィシャルな場では話題にしにくいとどこかで感じている。それは、それほどにジャニーズというブランドに属している「アイドル」としてのイメージ喚起力と象徴力が強く、何らかの日常性を超えてしまう力をもっているからではないかという気がしていた。この強力なイメージ喚起力は、教室という日常的なオフィシャルな場との相性が悪いと捉える感性がある子にとっては、教室での会話に不用意にジャニーズのことが出てくるのは警戒したくなるのである。

さて、そこで嵐である。二〇〇八年後半頃から、小学生はもちろん、高校生の保護者から六十代のクライエントに至るまで、嵐の話題が良く出てくるようになった。いや、最近は、面接室でのジャニーズの話題と言えば、嵐一色というくらい、独占市場に入ってきている。そして思春期の教室でも、嵐の話題ならばしてもいいという、ジャニーズ語りの規制緩和のようなものが起こってきているのである。アイドルの話を教室というオフィシャルな「場」が許すというのは、嵐については、思春期特有の心の揺れを投影しているものではなくなって公で共有できるものになっているということのような気がする。嵐が本当に大ブレイクしているのだということを、この事実で確信した。そして、ある意味、嵐は今までの「アイドル」とは違う意味を付与されているのを感じるのである。

嵐は、ジャニーズアイドルのなかではデビュー以来、特に大きなヒット曲に恵まれず、さまざまに広報にお金をかけてもらっても華々しい成果もあげられずに過ごしていた。何せ、Jストームという彼らのためのレコードレーベルまで立ち上げてもらっているのに、オリコン一位などとはあまり縁のない活動が続いていたのである。前述のKAT-TUNなどは、デビュー公演がいきなり東京ドームなのに、彼らは九年かかってやっと東京ドームでコンサートができるほどのファンを獲得したのである。しかも彼ら五人のうち、櫻井、大野、二宮の三人は、もうジャニーズ事務所を辞めようと考えていたところ、不意打ちをくらったようにデビューに至ったという、従業員のうち六十パーセントがリストラ希望というような、モチベーションが高くない集団だったのである。そういう経緯もあってか、カウントダウンコンサートなどで他のジャニーズのアイドルグループと一緒にいてもいつも控えめで、後ろに回ってしまうような目立たない存在であった。

しかし表だった評価が出てこないことを彼ら自身もかなり悩み、五人でどうするべきかという話し合いは重ねていたらしい。そして九年の間、彼らはメンバー同士で仲良くしながら個人的なスキルを磨いて地道に努力を続けてきたのである。その結果、今日の大ブレイクがあり、嵐のメンバーをテレビで見ない日はなくなったのである。

どんなに苦しいときも、グループのなかの「居心地」を良くすることにこのメンバーはずっと心を砕き、お互いがお互いを尊重し合い、仲良くしていたようだ。少なくとも、アイドルグループとしてのそのような「イメージ」は強力に発信されている。メンバー同士がとても仲がいいということ、お互いをとても尊敬し合っていることを、思春期の子どもたちも本当によく話題にする。そして、そこが嵐のいいところだと言うのである。

嵐のメンバーは、この五人でいること自体が一番リラックスするし楽しいと言う（少なくとも、心からそう言っているように伝わってくる）。支え合う関係性が和やかな空気を生んで、大きな成功にもつながっているという「夢」を体現してくれている存在としての「嵐」イメージが、今、思春期の子どもたちのなかでも動いている。時々、嵐にも薬物だの女性関係だの、実は高飛車であるなどという、お約束の影の報道もあるが、そういうことについて思春期の子たちは見事にスルーする。「嵐」はあくまでも無害で健康的な光の存在として扱われているのを感じる。だから、教室という表向きの場でも安心して話題にできるジャニーズアイドルなのだろう。「嵐の話なら、教室で男子がいるところでもできるけれど、Hey!Say!Jump! の話はできない」という言葉からもそれはうかがわれる。

〈競合から協調へ〉

関係があるのかないのかはわからないが、リーマンショックで大不況が叫ばれるようになったころから、KAT-TUN は勢いを失い、嵐がぐっと台頭してきたように思う。個性の発揮よりも、まずお互いがどれほどミスをフォローしあえるのか、ディフェンス仕事にお互いがどれほど協力しあえるのかということが重要であるというメッセージが嵐の存在からは伝わってくる。

「嵐」のメンバーは、個人の仕事はすべて「嵐」に還元するためにがんばっていると言っている。そして、今、思春期の子たちのなかに、このような関係性を求める気持ちが以前よりもはっきりと強くなってきているのを感じる（求めてはいても、実現はなかなか難しいが……）。

時代の最先端のムーヴメントに反応しやすい年頃なだけに、この嵐の在り方が、今後、どのように思春期の心に影響を与えるのか、面接室からじっと見ていたい。

そういえば、KAT-TUNから赤西が脱退した。彼は、グループとして協力し合い、アイドルとしての与えられたイメージ仕事をこなすということに大きな困難を抱えていた（というイメージが世間には伝えられている）。そして赤西が脱退したとたん、KAT-TUNの「嵐」化が起こり、さまざまなメディアで、五人の仲の良さと温かなチームワークを強調するようなイメージ戦略に変わってきている。仲間に助けを求めながら居心地のいい場所を確保していくことを大事にしていこうとするムーヴメントがどうやらジャニーズでも起こっているようだ。

（初出・二〇一一年二月）

追記

嵐もその後、活動休止をした。その前後はかなり面接室でもこの件について話題になっていたが、その後は見事に嵐の話をする人はいなくなった。そしてKAT-TUNもNEWSもSexy Zone（今はtimeleszに名前も変わった）もメンバーが三人になり、そしてキンプリも二手に分かれて事務所が別になった。面接室での話題はSnowmanやなにわ男子に変わっていき、今や、K-POPのグループの話題が圧倒的に増えている（無常を感じる……）。そのK-POPのグループに対する語りのなかでも「仲が良いグループの様子を見ているのがいい」「グループで支え合っているのがいい」と言う人たちが増えてきている。

しかし実際の日常では、ますます思春期の人たちの共同体は小さくなり、数人のイツメンにはどこまでも気遣い、その他のひとたちは旅先で出会う人並みに無関心という状況は進んできているように思う。

そしてジャニーズ帝国があのような形で終焉を迎えることになったことについて面接場面で詳しく心情が語られることは、案外、少なかった（あくまでも私の臨床のなかでは……であるが）。問題が発覚した直後は、驚くほどこの話題が出なかった。ジャニー喜多川氏にそういうダークな部分があることをうっすら知っている子はかなり多かったが、深刻な被害を受けている人がいる事実を知ったことをどう受け止めていいのか、わからなくなっていたのだろう。こちらから訊ねるのも憚られるような雰囲気を醸し出している子もいたし、完全に解離して（というか、訊かれないように防衛していたのかもしれないが）今までしなかった別の話題をすごい早口で語る子もいた。

やがてポチポチとこの件について語られるようになったときには、どれ程、自分の「担当」（今は推しという言葉を使うことのほうが多くなっているが）がこのことで悩んでいるのかを考えると苦しいという切り口で語られることが多かった。

ジャニーズ帝国というアイドルの光の国の影がどれほど濃いものだったのかを知ることの衝撃は、さまざまな形で思春期の子たちに影響があったが、二十代から六十代に至る、長年のファンのほうが、年月の厚みも加わってこの件ではかなりの心的なエネルギーを消費せざるを得なくなっていたように感じる。子どものことで相談に来ている方が、この件について深いダメージを受けて、このことをきっかけに自分自身の思春期について突っ込んだ話を始められることもあった。

第11章　推しメンができるという社会性の獲得

——AKB48の枠組と臨床的効果——

〈困っていない来談者〉

「AKB48の峯岸みなみ、お泊まり愛発覚ののち、坊主になって謝罪」というニュースが飛び込んできた。それがどうしたという向きも多かろうが、実はAKB48については、ここ数年、臨床場面でいろいろなクライエントとの間でかなり話題になっていたのもあって、いつかここで論じたいと思っていたのである。そしてかする程度ではあるものの、「魔法少女」とも何らかの接点があるのではないかと感じていた。

「だるい」「別に」「さあ」「わからない」「どーでもいい」。この言葉のやや丁寧語バージョンくらいしか五十分間の面接の間、話さない子がいる。というか、けっこういる。自主的に来談というよりは、周囲からのプッシュにあらがうこともなく、何となく相談に来ている子によく見られる特徴だ。自分のなかに、「話したい」という欲求もなく、「困っている」という葛藤も見受けられない。この高二男子のAくんもそうだった。

「これは困ったなあってことない?」「うーん……だるいだけ」。「何か好きなものある? 漫画とかアニメとか」と聞いても「さあ、別に。ネット? とか」。「ネットではどんなのが見たりするの?」「さあ……ゲームとか。いろいろ。でもどーでもいいし……」。文字だけで表現すると、一見、話すことをすごく嫌がっていて、反抗的なニュアンスで語られているように感じられるが、実は、そういう感じではない。聞いてくれたら、それには答えるからね、というようなある種の期待を向けてくるのだ。そのため次々に繰り出す質問のバリエーションを考えるのに、こちらが疲弊する面接が続くのである。五十分枠がとてつもなく長く感じるのだ。この子にとっても五十分枠は苦痛なのではないか、と毎回、ぐるぐる考えるのだが、何かがひっかかり、また次も同じ枠組で会う……ということを続けていた。

このAくんは、登校できなくなってから、ずっと家でネットに向かって過ごしている。悩みというような主訴を語ることもなく(というか、語ることもできず)、家族や学校側から、進級が難しくなるという「現実」をいくら伝えられても、「わかってる」と言うだけで、まったく動くことはなかった。周囲がどんなに葛藤し、熱くなっても、この子からは、何の熱も感じられない。淡々としているとしか言いようがないのだ。もともと、バスケ部でずっと頑張っていた子なのだが、「なんか、もう、いいかって」という感じになってから、部活だけでなく、ぱたりと登校しなくなったのである。具体的にバスケ部で何かトラブルがあったのかと周囲のひとたちが聞いても「いや、別に……。ただもうだるいし」としか言わない。

彼はきっと今までは部活に自分を預けて、学校生活のすべてを部活中心に過ごしていたのだ。その部活の枠組から離れると自分というものの形を保てなくなって、雲のように拡散していっているような印象があった。だから、自主的に話すことがなくても、本人が嫌がらずにやってくるのなら、面接時間の枠組のなかで、拡散してしまっているこの子自身を少しでも集約することができれば……という見立てで会っていたのである。

〈アイドルにはまるということ〉

結局そのままAくんは休学し、次年度は通信制の学校に変わっていった。それから半年ほどたったある時、ぼそっと「バイト、始めました」という報告があったのである。通信制に変わってからバイトを始める子はけっこういるが、何もやる気がなかったこの子がバイトを自分で見つけることができるとは、驚きだった。そしてもっと驚きだったのは、「AKBの握手会に行く旅費を貯めたくって」とその動機を話したことだった。AKB？　え？　以前、「たとえばAKBとか興味ない？」と聞いたときには、「いや、別に……。アイドルとかどうでもいいんで」って言ってなかったっけ？と頭のなかで彼との面接内でのAKBに関するデータベースがフル回転で起動していた。いったいいつから彼はAKBのファンになっていたんだ！

やっと話のひっかかりができたので、ガッツリとそのあたりを聞いていったところ（五十分枠を崩さなくて良かった！と心から思った）、どうやらAくんは、ゲームの攻略について検索しているときに、たまたまAKBのオフィシャルYouTubeにアクセスしたらしい。その時、「RIVER」という曲のミュージックビデオを、これもまた、たまたま目にしたところ、なぜか目が離せなくなってしまった。そしてそこからネットのなかのAKBの情報にはまり込んでいき、永尾まりやというメンバー（その当時は一般の人はそれほど知らないメンバーである）のことをすごく「応援したい」と思うようになったらしい。

これはこのAくんを通じても、他のクライエントからも聞いてわかったことだが、AKB48がここまで人気が出たのは、ソーシャルメディアを使って全員がブログを更新していてそこにコメントができること、そしてネット内でAKBについて語り合う場が非常に多いことにあるようだ。その一方で、「会いに行けるアイドル」

ということで、毎日劇場で公演していること、そして頻繁に握手会をしており、実際に（握手券やCDを買えば）希望するメンバーと握手ができるという近接性をもっているのが、このAKBの特徴である。テレビなどのマスコミを通さずに、ネットのなかでメンバー本人が発する言葉と、リアルな本人に実際に会って握手をしながら話ができる（十秒だけだが）という構造があるのだ。つまり、ネットとリアルのバランスが絶妙なのである。ちなみに劇場やコンサート会場、握手会などにはまったく行かない熱烈なファンのことを「在宅」と言うらしい。そして、何よりもここで論じるに当たって大事なことは、AKBのメンバーでいる限り、「恋愛禁止」であるということがみんなに周知されているということである。

〈地獄のような総選挙システム〉

少し話はそれるが、ゲームがネット利用の中核にある人と、AKBにはまる人とは、なかなか重ならない。ネットゲームに一日のほとんどを費やしているクライエントたちにAKBのことを聞いても、「ああ、テレビでたまに見ますね」という程度であって、ネットのなかでのAKBの情報などにはほとんどというか、まったく関心をもっていないことが多い。ところが、この彼のように「たまたま」AKBをネット内で見かけ、そして「特に理由はないけれど、何となく」応援したいメンバーができて、それが心のどこかがひっかかると、そこからAKBの世界全体へはまっていくこともあるのだ。

そして、これはここ数年での臨床の実感であるが、AKBにはまることで（大げさに聞こえるかもしれないが）、自分の生きている意味を感じることができるようになったクライエントが男女問わず、何人もいるのである。またここが重要なポイントであるが、AKBにはまることによって、他者への思いやりとか、公共性とか、温かな感情のようなものがその人たちのなかで芽生えていくのを感じるのである。

何をまたたいそうな……と思われるかもしれない。それは今までのアイドルにはまるのと、それほど違わないのではないか……と。ところが、このAKB（SKEだのNMBだのHKTだのいろいろグループはあるが、ここではまとめてAKBとさせていただく）には、総選挙というシステムがあるのが、他のアイドルとはまったく違うのだ。これは、秋元康プロデューサーが、前田敦子をセンターだと決めたところ、「何であんな子が」「もっと可愛い子が他にいるのに」「踊りも歌も下手なのに」というバッシングがAKBの事務所に殺到して、対応に苦慮するほどになったことから、ならば民意を反映させようということで、ファンによる投票という総選挙システムが考案されたらしい。

ジャニーズにしても、モーニング娘。にしても、事務所やプロデューサーの決めたことにどんなにヲタ（熱烈なファン）が反旗を翻したとしても、ファン投票で順位を決めるなどということはあり得ない。このように、AKBには、お金さえかければ自分の推すメンバーの（これを「推しメン」という）順位を自分の票の力で押し上げることができるシステムがあるのだ。これが、投票権を手に入れるために聞きもしないCDを何百枚も買わせるひどい商法だと批判を浴びているところである。私自身、臨床現場で何人かのクライエントがAKBにはまってから変わっていく様子を目にするまでは、批判的かつ冷笑的にこの総選挙のことを見ていた。

だが、そういうマイナス面はあるにしても、自分の投票がメンバーの命運を左右し、その子を支えているという実感を（票数が少ないマイナーなメンバーであればなおさら）もつことになり、「自分は人の役に立つことができる」という静かな喜びを得るきっかけになっているのを臨床場面では感じるのである。Aくんも、遠方まで握手会に行く費用と、まりやぎ（永尾まりやのことをこう呼ぶらしい）に一票でも多く投票するためにも、バイトを頑張りたいとはっきりと顔をあげて言うようになったのだ。

これがキャバクラのキャバ嬢をナンバーワンにするためにつぎ込むのとどこが違うのかという批判も受けるところだが、キャバクラとＡＫＢとの間では、枠組の差が大きい。つまり、ここで恋愛禁止という枠組が意味をもつのである。ＡＫＢの子たちは、アイドルになりたいという夢のために、この年頃の女子がもっとも関心をもつ恋愛を封じて、努力に努力を重ねているのである。自分のことを知ってもらうためにブログの文章を工夫したり、踊りや歌を必死で練習して上達したところを劇場で見てもらったりするなど、さまざまな努力をしているメンバーに対して、この子の夢（女優だったりソロ歌手になることだったり）を応援したい！という気持ちが動くようだ。Ａくんは、「部活でスタメンに入るか入らないかって気にするのがもうイヤになった」「頑張ってもどうしようもないなって思ったら、何かもう心が折れた」と不登校になったきっかけを語り始めた。「まりやぎも、きっとメディア選抜に入るのは無理だろうけど、でも諦めずに頑張ってるんだなあって思ったら、僕のできることをしようって思った」「ぼくは自分で何かしたいっていうような夢も何にもないけど、応援だったらできるから」と、ＡＫＢという枠組のなかで夢を追いかけている少女に、自分の主体を預けているのである。

しかし、これが非常に興味深いところであるが、ただの主体の丸投げではなく、「ＡＫＢ全体のことを考えたら、高橋みなみ（たかみな）はＡＫＢの中心人物としてある程度の票数をとっておいたほうがいいから、たかみなにも票を入れておかないといけないなって思う。ネットでも、自分の推しメンだけよければいいって言うヤツは、あんまり感じよくないし」などというように、全体のバランスのことも同時に考えるようになってきているのである。

このように、自分のなかの文脈を見失っていたひとが、ＡＫＢという枠組のなかで発生する物語に自分を入れ込んでいくことで、日常を生きていくことが可能になっているのを臨床現場で体験するにつれて、こ……これはすごいアイドルシステムなのかもしれない……と思うようになったのである。

〈枠組の意味〉

ところで、心理療法の枠組のなかで、イメージが展開し、内的なものが表現されるためには、「時間、場所、料金」の枠組を守ることが必要なのは、臨床心理学の大学院に入った当初から、嫌と言うほど言って聞かされることである。つまり、心の深層が動き、それが意識を変えていくだけのパワーをもつためには治療枠というのは崩してはならないものなのだ。

もともとアイドルというのは、恋人がいることが発覚すると人気が明らかに落ちるので、恋愛禁止であるということがある程度前提になっている。そしてAKBは、恋愛が発覚すると処分として辞めなくてはならないという掟がある。今まで、何人ものメンバーが過去の恋愛がブログでばれたり、週刊誌に見つかったりして辞めている（それなのに、人気のあるメンバーだと、うやむやになったり、指原のように、HKTに移籍という処分で終わったりということもあり、その「枠」の曖昧さにヲタたちはその都度、ネット内で激論を交わしている）。

ちなみにAKBは、夢を果たすための途上にある移行期間であるという「学校」のメタファーになっているので、制服アイドルと言われるのだが、移行期間ゆえに枠組がしっかりしていることが守りのためにも重要になっていると思う。

そして、今回の峯岸みなみの件である。男性宅でのお泊まりの写真ということで言い逃れができない状況だったということ、メディア選抜に入っている上位のメンバーであったことで、大きなニュースになっていた。

これが大きなニュースになること自体、はてな……という感じであるが（一般のひとがどれほど、峯岸のことを知っているであろうか）、その後、丸坊主になって泣きながら謝罪している動画がＮＨＫの（夜の）九時のニュースでも扱われ、その後、海外でもニュース配信されて、大騒ぎになってしまった。

恋愛禁止だなんて人権侵害だとか、いくら自分から坊主にしたとはいえ、これは体罰ではないかと、さまざまな意見があるようだが、これは、ＡＫＢの恋愛禁止という、枠組はイメージが生成され、物語が立ち上がっていくための重要な要素であることを今一度、はっきりさせた出来事だったと思う。ＮＨＫも海外メディアまでも「物語」を読みこむほどに。

少し前に、秋元康が恋愛禁止だということを自分ははっきり言ったことはないなどと口走っていて、そんな治療枠を崩すようなことを主催者自身が言っちゃやだめじゃないの！と密かに心配していたのだが、今回の峯岸の一件で、恋愛禁止という枠をめぐる攻防が活性化しているのを感じる。治療場面でもそうであるが、枠が揺れているときが一番、しんどい。さあ、これがＡＫＢにはまっているクライエントの今後にどう影響を与えるのかと日々、考えているところである。

『魔法少女まどか☆マギカ』でも、ソウルジェムという形で、自分の魂を実体化させることによって生身ではなくなった少女は、魔法少女として尋常ではない力を得る。ＡＫＢのメンバーたちは、自分の未来の夢を果たすために個人としての恋愛を封じるという枠組のなかで、大きなムーヴメントを起こす力を得ている。この枠の揺らぎがどうなっていくのか、しばらくは、ＡＫＢから目が離せない。

（初出・二〇一三年二月）

追記

ＡＫＢの総選挙は二〇一八年で終わった。そしてこの恋愛禁止という枠組についても、ももクロ（ももいろクローバーZ）のメンバーが二人も結婚した上で（一人は離婚に至っているが）アイドルを続けているような時代になってきた。恋愛というのがアイドルにとっての禁忌であるという枠組は、グループによっても違ってきているのを感じる。

臨床場面で「推し」という言葉を初めて耳にしたのは、二〇一〇年頃だったと思う。「推しは、〇〇ちゃんなんです」というクライエントの発言に、「推しって何ですか？」と訊ねたのを覚えている。その頃の「推し」という言葉は、アイドルグループのファンが使う「グループの中のお気に入りのメンバー」を指す、いわば専門用語だった。それがあれよあれよと言う間に、さまざまな分野に拡大し、「同種のものの中で好きで応援したい人やもの」という意味で一般にも広く用いられるようになった。

アイドル、俳優、声優や芸人、YouTuberやアニメやゲームのキャラクターなどの「推し」がいて、「推し活」を生活の中心に置くことが、人生を豊かにすると感じている人がすごい勢いで増えている。思春期に限らず、あらゆる年齢層のクライエントから、「推し」と「推し活」について聴くことがある。

「推し」とか「推す」という言葉には、何らかの魅力をキャッチすることができた対象に主体的に応援というスタンスで主体的に関わろうとする意志が含まれている。単に「好き」とか「ファン」というのとはニュアンスが少し違うようだ。

二〇二二年一月にＮＨＫで『プロフェッショナル』のスピンオフ番組として「となりのプロフェッショナル

――推し活の流儀――」が放映された。仕事で活躍している人を紹介してきた番組だったが、今までの番組とは逆に、応援する側の人を取り上げてみようという意図で制作されたものらしい（https://thetv.jp/news/detail/1069761/p3/）。

すると、旧Twitter（現X）のトレンドに入るなどかなり話題になった。その反響の様子からは、仕事でプロフェッショナルを目指すよりも「推し活」を大事にしている人への共感が予想以上に多いことが窺えた。

第12章　女子から見た「暴力」の魅力

——不良系男子と優等生系女子——

〈バイオレンスな男子とイイコ女子〉

どこか不良っぽい男子がもてるというのは、もう、昔から思春期の定番と言ってもいいだろう。真面目で誠実で勉強もよくできる男子が必ずしも女子の支持を集めるわけではない。それが、思春期なのだ。

小学生では、足が速くて運動のできる男子というのが、女子にとってポイントが高いようだが、中学生になると、先生に対して反抗的だったり、ちょっと暴力的で危険な雰囲気をもっている男子が、女子のハートをぐっとひきつけることが増えてくる。

実際、中学でも高校でも、「ええ？　どうして優等生のあの女子が、あんな男子とつきあっているの？」という話題には事欠かない。「あんな男子」というのは、補導されたり、授業中に机のうえに足を乗せたりしてるのを注意されると、「あぁ？」などと言って机や椅子を蹴飛ばしてしまうような男子だったりする。サッカー部に所属しているけれど、めったに練習には出ず、なのにスタメンに入れないとその場でキレるというようなエピソードを持っている子である場合もある。

最近、さまざまな報道でも取り上げられているように、小学校のころから些細なことで暴力を振るう子は増え続けている。そういう男子たちの暴力的な態度に、心底恐怖を覚え、絶対に近寄りたくないと脅えている子は多いし、秩序を乱されることに嫌悪感をもち、正義感のもとに対決を迫る勇気ある女子もいる。その一方で、そういう暴力的な男子を受け入れ、容認する気持ちが強い女子も存在する。なかには、一緒になって粗暴な行為をしている女子もいるが、不思議なことに、暴力的なものを容認する気持ちをもっている子のなかに、いわゆる、ほんっとにイイコがいるのだ。

中学校でも女子の暴力行為のほうが大きな問題になっているところも多い。学校によっては、女子の凶暴さに大人しい男子が圧倒されているというところもある（バイオレンス系肉食女子とコンフォート系草食男子という感じで）。タイマン勝負があったと聞くと、それは女子同士だったりする。しかし今回は、バイオレンスな男子と、イイコの女子との関係で考えてみたい。

〈荒れ果てた学校〉

さて、ある中学校でのことだ。その中学に、小学校のころから授業を受ける習慣がまったく身についていない男子が数名、入学してきた。多動と衝動性のコントロールのきかなさだけを見ると、ADHDの疑いがあると考えたくなる子ばかりだったが、その落ち着きのなさは、家庭環境のなかに粗暴な雰囲気が存在していることの反映として考えたほうがよさそうだった。当然、小学校のころから、親子関係の調整などに学校側も働きかけていたが、反応してくれる親はほとんどいなかった。自分たちなりにちゃんとしているから放っておいてくれという反応が多かったことと、学校から何らかの働きかけをすると、「お前のせいで恥をかかされた」と子どもに当たり散らし、余計に問題がこじれてしまうこともあったのだ。

さて、そんな状態で入学してきた男子たちは、最初から一切、学校の決まり事を守ろうとはしなかった。同じクラスにすると大変なので、バラバラのクラスに入れられていたのだが、一緒に騒ぐ「ツレ」がいなくても、先生に暴言を吐き、机や椅子を教室の窓から落としたりすることも平気だった。

実際のところ、このような子がいたとしても、周囲がそのあまりに幼稚な暴力に同調しない雰囲気ができれば、クラスで完全に浮いてしまっている自分に気がつき、教室に入れなくなって学校内放浪の旅に出るようになったり、時間はかかるが教室内で少しずつ落ち着いてくることもある。ところが、そうではない展開が最近、いろいろな学校で起こってきている。この中学校の場合もそうだ。

何が起こってきたのかというと、女子たちが、しかもイイコたちまで、その男子の暴力に同調し始めたのである。もう、これは学校側からすると悪夢でしかない。

ここで不思議なのは、その暴力的な男子たちの見た目がちょっとイケてるとか、制服を着崩したりしていて、不良っぽい雰囲気を出していて、何となく翳りのある魅力があるとか、女子にはふっと優しいところを見せているとか、そういうモテ系の要素がまったくその男子の誰ひとりにも見当たらないということなのである。いや、大人から見てそうであっても、実はあれはあれでイケてると中学生女子からは見えているのかも……と、女子中学生になりきって想像力の限りを尽くしてみたものの、いや、やっぱ無理。という感じなのである。おしゃれで着崩しているのではなく、ただ乱雑に着てボタンが外れたりしているだけだったり、髪を染めるという発想もなく、寝癖でフケだらけだったりしている男子をどうしてもカッコイイとは思えない。

しかも、先生たちが、朝、「おはよう」と声をかけたら「死ね！」と返事をし、すれ違いざまに先生たちにツバを吐きかけてくるような行動化もある……。それを見ている女子たちは、「キモッ」「不潔っ！」と反応をしていながらも、楽しそうに笑っているのである。二語文までいかず、「死ね！」「ウザッ」「キモッ」「うるせー！」「ほっとけ！」くらいしか発語していないこの男子たちのどこに魅力があるのか、女子も一緒になって先生たちの挙げ足をとり、授業態度はどんどん崩れ、教室の雰囲気は最悪になっていくのである。そんななかで、不登校になる生徒たちも増えてくる。とてもその殺伐とした雰囲気に耐えられなくなるからだ。

中心になっている男子たちが大変なのは、仕方ない。それは最初からわかっていたことだから、覚悟して対応できる。なのに、一対一で話すと、本当に真面目でイイコの女子（塾にも通い、部活も熱心にしている）が、その男子が教科書を投げたり、椅子を蹴ったりする様子を、楽しそうに見ていたり、先生が文字を書き間違ったりしたのを男子が嘲笑すると、一緒になってあげつらうということが起こってくるのだ。それが、先生方からすると、わけがわからないことなのである。「他の場面では真面目で良い子の女子が教室では、秩序を守る側に立ってくれないというのが、一番、ショックでした」と先生方の嘆きは深い。

〈イイコ女子の内的イメージの行動化としてのバイオレンス男子〉

このように先生を嘆かせているようなイイコの女子が、相談に来てくれたことがある。もちろん、教室内での話題ではない。部活での女子同士の力関係に対して、いつも調整役になっているのが辛いというのが主訴だったのである。そして「いつも自分は、イイコにしてなきゃいけないと思って、いろんなことを我慢してきた。家でもそうだし、学校の友だち関係でも、ちょっとでも気を抜くとすぐにハブられてしまう。すっごくキンチヨーする」というような話題が出てきた。彼女のクラスの状態が（そして彼女も男子に同調して）大変だということは予備知識として知っていたので、「クラスのなかでも、そういうことでキンチョーすることってあるの？」と聞いたところ、「クラスのなかは今、すごく楽。私は人を傷つけたりしたらいけないって思って、いっつも気持ちを抑えたり、空気読んだりしてるけど、そんなこと全然しない男子がいる。あんな男子がいると、何かいつもうちが気にしてることなんか馬鹿みたいに思えてきて楽」と言ったのである。

無理に良い子を演じている子は、自然に湧き上がる自分の感情を、即座に、適応するためには「悪いもの」として抑え込む癖ができている。もともと、適応に不向きな感情がそれほど湧きにくい「ナチュラルボーン良い子」もいるのだが、そうではない子がほとんどだ。自分のなかの感情が動いた瞬間に、それを適度に表出するというよりも、すべて押さえるようにして、周囲に期待される反応だけを注意深く出している子がイイコのなかには存在している。そうすると、自分の感情はすべて悪いもののような気がするので、自分を卑下するような気持ちも生まれてくる。そのような気持ちは思春期に最も高まる。だから、「本当にイイコねってほめられると、そんなことないのにって言いたくなる」ような気持ちも湧き、自己嫌悪に苦しむようにもなるのだ。ここでしっかりと自己嫌悪を味わいつつ、ちょっと不良の男子に密かに憧れたり、アイドルでもやや、やさぐれ系だったり、ヤンキー系アーティストにはまりながら過ごしてくれたらトラッドな思春期としてはバッチリなのであるが、そういうふうに内的なイメージでこの時期を過ごせる子の割合が減ってきているように思う。

こういう子たち（特に女子）にとって、乱暴狼藉の限りを尽くして秩序を崩壊する男子は、自分がとりつくろっているイイコの仮面など、どうでもいいことにしてくれる存在として見えているのだろう。異性として好きとかそういう感情までは到底いっておらず、男子が幼児的な感情の爆発をしている様子のなかに、加工されていない何かの「ほんとう」を見るような気がして、気持ちが動かされているのではないかという気がする。

そして、その子に同調している自分が、先生たちにどう見えているのかというモニターなど、どうでも良くなってしまうのである。親にさえ見放されなければ大丈夫。先生にはどう思われても、もうこの際、仕方ない。というように、優先順位が決まっているのだ。だから、学校での様子を親に話されることに、極端な反応を起こすことも多いし、親のほうが学校からの情報を信じようとしない（そしてそのようにイイコ女子も立ち回る）ことも起きてくる。まったくもって、学校からすると、トホホが極まる状態なのだ。

〈磁場が整わなければ、ものごとは続かない〉

さて、ここで『桜龍』（美那、魔法のiらんど文庫、二〇一〇―二〇一六）である。この作品について、面接で話題に出てきている人はおられるだろうか。これはケータイ小説（まだ、流行っていたのか！）のなかの「暴走族カテゴリー」に入る小説である。たまたま、この作品について話題にする子が続いたのであるが、その子たちからの情報によると、最近のケータイ小説では、けっこう暴走族ものが流行っているらしい。

「暴走族って実際には見たことないでしょ。それにこのあたり（田舎）には存在しないんじゃない？」と聞くと、「うん。もう今、暴走族とかっていないと思う。でも、とにかく、族ってカッコイイ！！　みんなでひとりの女子を守ったりするとことか、サイコー！　こんなふうに守ってもらえたら超イイ」というのである。どうやら、対立する族のそれぞれには、明らかにされていない異母兄弟とかがいて、対立の途中でそのことが発覚したり、族のなかには女の子みたいにカワイイ男子もいて、その子は族のトップに憧れていたりというBL風味が加わってたりするのが、族もののフォーマットのようなのだ。そして、大事な萌えポイントとしては、ひとりの女の子を守り抜くために、族のトップが、中立をあきらめて、暴力的な抗争を決意するところだったりするんだそうである。

自分の存在を大事に思ってもらえるということと、そこに暴力が介在することというのが、密かなテーマになっているようだ。大事に思ってもらえることがドラマチックに直接的に心に響くためには、稚拙な暴力風味が一部の思春期女子には利くらしい。デート中に暴漢に襲われて、それを撃退してくれた彼に惚れ直すという古典的でシンプルなフォーマットは、普遍的に生きているのだと感じる。しかし、「その人個人」で守ってくれるよりも、「集団を扇動する力をもっている人」が「集団の力で」守ってくれるほうが、より、嬉しいという流れがどうやら族もののケータイ小説にはまる子たちには主流になってきているようだ。

このようなことからは、暴力的な扇動力でクラス中を巻き込んでいる男子が、イイコでいる女子の鬱屈を一挙に払拭してくれる存在として、大人側の評価とはずいぶん違う評価で見られている可能性が考えられる。日常的な破壊行動というのは、そこにその発生を促す磁場がないと、それほど続くものではない。自分自身の感情のやり場を見つけていくことができずに倦んでいるイイコ女子たちが、その「磁場」を存続させるためのエネルギーを供給している部分もあるのかもしれない。そう考えると、遠回りに見えても、そういうイイコ女子の抱えている抑圧のありようをしっかりと見ていくことが、幼児的な感情発散を一部の男子たちに続けさせせないためには大事なことになってくるのではないだろうか。

（初出・二〇一一年八月）

第13章　時間に追われる子どもたち

——クロノスとカイロス——

〈せかされる子どもたち〉

「早くしなさい！」という言葉は、大人が子どもに繰り返し言う言葉、ナンバーワンなのではないだろうか。「お母さんは、いつも早く早くっていう」という子どもの愚痴も耳にすることが多い。しかしどんなに気が重くなる言葉でも、登校前に着替えることもせずにゲームをしていたり、ぼーっと宙を見つめて朝食をとる手が止まっている子に対し、穏やかな気持ちでじっと見守ることができる親はなかなかいない。子どもにきちんと日常生活を送らせようと真面目に考えている親ほど、子どもをせかす言葉が口をついて出てきてしまう。「早く起きなさい」「早く食べなさい」「早く着替えて！」「ぐずぐずしないの！」「帰ったら早く手を洗って！」「早く宿題をしなさい！」「早く寝なさい！」と、朝から晩まで早く早くと怖い顔で言っている自分に嫌気が差している人も多いだろう。

しかし考えてみれば子どもがこの世の時間にまったく縛られずに生きることを許されているのは、トイレット・トレーニングが始まるまでの短い時間ではないだろうか。その時期になると、失敗したときには「もっと早く言いなさいね」とタイミングについて声をかけたくなるし、子ども自身もトイレに行き着くまでの「時間」と自分の生理現象の限界を見極めて動くことを考えなくてはならなくなる。現実の時間とのすりあわせなど関係ない世界にたゆたっていられる楽園からは成長とともに出ていくしかないのだ。

それでも学齢期前までは、起床と食事と就寝といった生活リズムの枠を整えてもらう守りのなかで、ゆったりとした時間をある程度は送ることができる。そこでどれほど豊かな時間を過ごせたかということが、将来を生きるためのエネルギーを貯めることになるのは間違いない。しかし最近は、就寝時間が夜十時を軽く越すような子どももかなりいるし、幼児のころから習い事などのスケジュールがビッシリで、時間に追われながら過ごしている子も増えている。子どものこころが育つためには、しっかりと守られた環境のなかで、無駄だらけでぼーっとした時間を過ごすことも非常に大切だ。そのような時間に体験が身体や心にしみわたっていくのであるが、その時間を奪われている子どもが多くなっているのは間違いない。

ところで、「早くしなさい！」と言われても、ぽかーんとしたまま動かない子がいる。そんな子のなかには、何をどうしていいのか全然、わからないから動けない場合もままある。「早くしなさい！って言われても早くってことがよくわからなかった」と小学校の高学年になってから、低学年のころの感覚を言葉にした子もいる。そういう子のなかには、早くという言葉を使わずに、たとえば「十数えるうちに服を着替えよう！　さあいくよ！」などと具体的に時間経過を示しながら遊び心も刺激すると、それがうまくはまるときもある。

しかし、急がねばならないとか、早くということがどうにもピンと来ない子もいる。そういう子は、まったく聞く耳をもたない意固地な子のように思われたり、あまりにもマイペース過ぎて、周囲と合わせることができないと問題視されることもよくある。心の時間の流れと、現実の時間の流れがまったく合わないのだ。そういう子が高校生になってから「早くって言われると、すごく怖かった」「どうしていいのかわからないなかで怒られることばっかりだった」と語ることがある。子どものころの感覚を言葉にするまでにも、十年近い歳月が必要になってくることもあるのだ。

心の時間と、現実の時間。このふたつの時間はいったい何を表しているのだろう。

〈ふたつの時間――クロノスとカイロス――〉

時間のことを考えるにあたって、「時間の神」のことを紹介しよう。

ギリシャ神話によると、暗闇のなかに、まず大地の神ガイヤと天空の神ウラノスという神が生まれた。そして父ウラノス、母ガイヤから、時を司る神クロノスが生まれたとされている。これは、天と地にこの世が分かたれて世界が生まれたあとで、時間の流れが始まったという世界観を示しているものだろう。このクロノスは、クロック（時計）とかクロニクル（年代記）とかクロノロジカル（時系列）という時間に関係する言葉の語源だと言われている。つまり、誰にでも平等に存在している時計やカレンダーなどで計れる時間のことをクロノスという。

さて、このクロノスという時間の神は、生まれた自分の子どもを次々に食べて殺してしまったのだという。これは時間という圧倒的な力に逆らって永遠に生きることができる人間などひとりもいないということを示していると考えられる。百年も時間がたてば、人はみな時間に食い殺されてしまうのだ。ところが末っ子のゼウスだけがクロノスに殺されることなく、生き延びたのである。そしてゼウスはギリシャ神話最強の全知全能の神になる。つまり全知全能の神というような存在でない限り、時間という圧倒的な支配を超えることはできないということなのだ。

また、自然のリズムのみに従って生きていけるような世界ならともかく、現代の日本のように高度に文明化されたなかで生きていこうとすると、どうしてもクロノスの神に細かく生活を支配されて生きていくことを強いられる。だから、トイレット・トレーニングが始まるころから、私たちは自分の身体や心を、このクロノス時間とどう折り合わせていくのかという、果てのない努力をしていくことになるのである。

ところがクロノス時間のほかに、もうひとつの時間が存在する。それは、カイロスという時間の考え方である。このカイロスもギリシャ神話の神で、チャンス（機会）を意味する前髪しかない神さまのことを指しているという説もある。チャンスに限らず、カイロスはその人自身の意識に変化をもたらすような意義深い運命的な「時」のことを表すと考えられている（河合、二〇〇九）。このカイロスとクロノスの関係について、具体的な事例から考えてみよう。

〈不登校になったAさん〉

Aさんは、絵を描いたり、本を読んだりして過ごすのが好きな子だった。本を読んでいる途中で声をかけられても、まったく聞こえないくらい没頭していることもあった。やがてゲーム（「どうぶつの森」）に夢中になると、その世界にも深く入りこむようになっていった。彼女は何をするのもゆっくりしていて、着替えるだけでも十分近くかかるし、あちこちを見たり、立ち止まったりしてゆっくりしか進まないので、年子の弟が十五分で着く小学校にも二十五分くらいかけて通っていた。給食も時間内に食べきることができず、何につけスローな彼女に対して、男子たちは「コマ送り」というあだ名をつけていた。

Aさんの母は、彼女が幼いころから「何してるの！　早く！　もっとさっさとできないの？」と苛立つことも多かった（「どうぶつの森」の操作だけは素早くできていたので、母としては余計に腹が立っていた）。しかし、どんなに怒ったところでAさんがさっさと動くことはなく、困り果てた母は子育て相談に行き「時間内にできなくても、昨日よりも早くできたねとか、前より早くなったよというように、人と比べずに過去の自分と比べて成長をほめてあげてください」というアドバイスを得たという。それからはそのアドバイスに従って叱らないようにしていたが、だからといってAさんがスピードアップすることはなかった。

そんなAさんだが、おっとりしている雰囲気に安心するのか、おとなしい何人かの友だちと穏やかに過ごすことが多く、友人関係で困ることはなかった。でも、しなくてはならないことや、役割などが増えてくる小学校三年のころから、一カ月に二、三日は学校にどうしても行けない日が出てきた。そして五年生のとき、玄関で靴を履くときに足首をひねって捻挫したことをきっかけに、まったく登校できなくなってしまった。解答への早さを求められる算数など、時間切れでできなくなることがあったので、そういうプレッシャーで登校できないのではないか、宿題の負担を軽減したらいいのではないかと周囲の大人たちはさまざまな配慮に一生懸命になったのだが、彼女はまったく反応しなかった。Aさんは「足が痛くて動けない」と言って、家で本を読んだりゲームをする日々が続いていた。Aさんの母は、この子はもう家から出る気がないのではないか、このままもう社会に一生出られなくなるのではないかと不安になってAさんを連れて相談に来られたのだった。

〈特別な時間としてのカイロス〉

最初の来談のときには、Aさんがなかなか出かける準備ができなかったこともあって予約時間をずいぶん過ぎてからの到着になった。お母さんは、遅れたことを平身低頭で詫びておられたが、Aさんはまったく意に介しておらず、その様子がより一層、お母さんの不安を招いているようだった。

Aさんには、ここでは約束の時間から五十分間、毎週、一回来て、お話をしたり、ここにあるもので一緒に遊んだり、Aさんがしたいことを一緒にしたいということを伝えた。するとAさんは「来ます」とちゃんと自分で意志を示すことができた。しかし最初の五回は、十分から二十分の遅刻が続き、五十分間の約束なのに、どうかすると三十分しか会えない状態が続いていた。ケースバイケースではあるが、遅刻をしてきたときには、遅れてきた分を延長することなどはせず、最初に約束して決めていた終了時間にきちんと終わることのほうが治療的に有効である。ゆったりした時間の流れを生きている子に対しては、少しは時間に余裕をもって受け止めるということも実際の治療場面では必要なこともあるが、治療の時間枠というクロノス時間の縛りの意味はとても大きい。

遅れているAさんを待っている間、こちらは面接室でぼーっとしながらAさんのことを考えていた。その時間はクロノスに追いまくられている日常からAさんの生きている時間に治療者のほうがシフトしていく時間になっていたように感じていた。そして六回目以降、彼女はまったく遅刻をしなくなったのである。なぜ、六回目からそんなことが起こったのか、現実的な因果関係はまったくわからない。お母さんも、なぜ急にその日から間に合う時間にAさんが準備を始めるようになったのかはわからないと頭をひねっておられた。

Aさんが学校に行かなくなったことについても、捻挫がきっかけにはなっていたが、捻挫をしたから行けなくなったわけではなく、もう行くことができないギリギリの状態になっていた「時」に、捻挫がだめ押しになった……というふうに考えたほうがしっくりくる（相談室に来てからは、足のことなど一切、話題にならなかった）。そしてまた突然に、遅刻をせずに相談室に来られるようになったのも、そういう「時」が来たとしか言いようがないのである。つまり、彼女が学校を休むことになったのも、彼女の心にとっては何か重要な「時」が来たのであり、遅刻をせずに相談室に来られるようになった「時」が来たのも、カイロスとして考えることができるのではないだろうか。

さて、その後、Aさんは相談室でいろいろな絵を描いたり、「どうぶつの森」の話をしたりと、登校することや、早くなにかをこなすというようなことの改善とは、一切、関係のないことをして過ごしていった。彼女は六年生になるというクロノスの節目にも再登校をしなかった。お母さんも、相談室で話すなかでじっくり彼女とつきあおうという気持ちが生まれてきて、早く早くと彼女をせかすようなことをしなくていい日々に、「何だか、学校に行かないのはすごく気になるのですが、親子関係はものすごく良くなりました。話しているとあの子はいろいろなことをよく知っていて楽しいです」と語られるようになっていた。

Aさんは、「どうぶつの森」の世界では、非常に素早く動き、さまざまな判断や交渉も的確に即座に行っているようだった。ネットにつながっていると、あっという間に時間が数時間たっているのに驚くことがあるが、ネットのなかの時間というのは、現実のクロノスとはまた違う流れがあるのかもしれないと、Aさんの話を聞きながら思っていた。何せ、「どうぶつの森」の話をするときには、いつもののんびりした口調から、とたんにシャキシャキと話すのである。

やがて彼女は、相談室にある箱庭とフィギュアを使って、「どうぶつの森」の自分の村を再現するようになった。そしてそのなかでの物語を語ったり、友だちの村の様子もフィギアを使って説明し、その交流を語るようになったのである。

そんななか、クロノスの時間の流れのなかでは、彼女は中学生になろうとしていた。校種が変わるという大きなクロノスの節目のときは、不登校の子どもが登校するきっかけになることが多い。制服の採寸などにも行き、彼女自身、中学校には登校する意志があったし、周囲も絶対に入学式からは行けるはず……！と期待に燃えていた。しかし、結局、彼女は入学式には行くことができず、一日、泣いていたという。お母さんもほんとうにガックリきて、このままずっとひきこもるのではないかという不安が再燃し、苦しい時期がしばらく続いた。でも、Aさんも相談室には変わらず通ってきており、「どうぶつの森」の物語が続いていた。

Aさんが中一の六月のことだった。「どうぶつの森」を箱庭で作り、その真ん中に立てた木を彼女が揺さぶりながら「木を揺らすと、お金が落ちてきたりするんだよ。でもときどき、ハチの巣とかも落ちてきて怖いんだよ」と語った。その時、彼女の左手が、たまたまフィギアの棚に当たり、そこにあったおもちゃのお金と、ハスの実を乾かしたもの（ハチの巣のように見える！）がバラバラと落ちたのである。

「わ！　お金とハチの巣だ！」と顔を見合わせて、二人でその偶然に驚き、爆笑した。彼女がその世界の中だけではふつうの速度で動くことができていた「どうぶつの森」の世界を、相談室という、クロノスの枠組みでしっかりと現実につながっている場で再現するなかで、バーチャルな「どうぶつの森」の出来事が、現実の出来事とつながるという偶然が起こったのである。そして、その出来事によって、Aさんと治療者は、同時に爆笑するなど、同じペースで同じ感覚を共有したのだった。

このような特別な「時」をカイロスというのだと思う。

実際、このあと、Aさんは、中一の六月という、クロノス的な暦で言うと、非常に中途半端な時期だったのにもかかわらず、登校を始めたのである。彼女の意識の本質的な変化は、中学校入学とか学期の変わり目などというクロノス的な後押しとは、まったく関係なく、彼女個人のカイロス的「時」が訪れたから、起こったのであろう。

Aさんは、その後、彼女の内部の時間と現実のクロノス時間とのズレの調整ができたかのように、ふつうの速さで動けるようになった。やがて彼女は卓球部に入り、速いスマッシュを打つようになってびっくりしているとお母さんからは報告があった。

〈ふたつの時間〉

私たちは、クロノスとカイロスというふたつの時間を生きている。Aさんのような事例を呈示すると、クロノスに縛られる日々を送るのは意味が無いと言っているように誤解を受けるかもしれないがそうではない。ただ、あまりに子どものころからクロノスに追われるような時間を過ごしていると、「命と運命の時間」であるカイロスが来ているのを見過ごしてしまう危険もあるのではないだろうか。カイロスという「時」は因果では説明のできないターニングポイントをひとにもたらす。ひとの心が育ったり癒されたりすることを考えるとき、今、これをしておかないと将来困るとか、休んだらその分遅れるというクロノスからの焦りから、少しだけ自由になってカイロスというもうひとつの時を想うことも必要なのではないだろうか。

（初出・二〇一五年六月）

文　献

河合隼雄著、河合俊雄編（二〇〇九）ユング心理学入門．岩波現代文庫．

第14章　人間関係の失敗に敏感すぎる子どもたち

〈敏感なモニター〉

自分の思いが正確に伝わらないのはなぜだろう。自分はそんなつもりで言ったのではないのに、相手を傷つけてしまったり、怒らせてしまったりすることがあるのはなぜなのだろうか。こんなことを考えるようになるのは、成長のプロセスとしてとても大事なことである。

相手の反応をモニターしながら、自分の発言内容やタイミングを加減するというのは、人間関係の訓練として（意識しているかいないかは別としても）多かれ少なかれ誰もが体験していることだろう。しかしどうも最近の子どもたちのなかには、相手の反応に対して、そ……そこまで？　というところまで考え込む子がいる。

「自分がした話をスルーされた。オチのない話をしたのがいけなかったのかも」「目が合わなかった……。髪型をほめたけど、ほめ方が気に入らなかったのかもしれない」

え？ オチのない話をしたのがいけない？ 髪型のほめ方が気に入らなかった？ これはある小学生が学校に行きにくくなったきっかけの会話について語った内容である。このエピソードに続いて「もう、あの人と話す勇気がない」と続くのである。こんなふうに、相手の反応に対して自分の発言にツッコミを入れ続けて苦しんでいる子もいる。

こういう子は、自分が発した言葉が相手にどう受け取られたのかということを客観視するモニターが常に作動して厳しく取り締まっている。そして慎重に言葉を選び、トラブルが起こらないように配慮を怠らない。しかし慎重に慎重を重ねても、相手のリアクションは予想通りにはいかない。そうすると、それを自分の「失敗」と考えて反省したり、落ち込んだりしてしまうのだ。

そして人間関係にヒビが入ると（それが上記のようなちょっとしたことでも）、それを再構築するための努力に向かうことはすごくハードルが高くなる。極端な場合は、その相手とクラスが別になるまで学校に来ることができなくなったり、同じクラスにいても、まったく口もきかない状態になるなど、いきなり距離をとってしまうこともある。

どうしてこのような子どもたちが増えてきたのだろうか。この背景については、今までもあちこちで述べてきたが、最新情報を含め、ここでも少し紹介しておこう。

〈インフラとしてのイツメン〉

今は、クラスが一緒だからというのは、人間関係が生じる条件にはならない。もっと小さい集団である班が同じだからとか、嗜好が似ているもの同士が一緒になるはずの部活が同じだからといっても、自然に何となく人間関係ができることは少なくなっている。その集団のなかで居場所があるためにはちゃんとイツメン（いつも一緒にいるメンバー）という親密圏に意識的な努力をして入っておくことが大事なのだ。

「ここ一週間、休んでる人、誰だった？」と聞かれても、イツメン以外の人が学校を休んでいたとしたら「え？知らない。わからない。誰かいなかったけど、誰だっけ」ということもある。つまり、イツメンでなければ一週間休んでいても関心を持たれないことがあるということを彼らは日常の些細なやりとりからも感じている。同じクラスの人たちの名前と顔が三学期になっても一致しない人がけっこういるというのは、中・高では当たり前だったが、今は小学校でも起きている。彼らの人間関係の関心の範囲はとても狭くなってきているのだ。そしてその狭い範囲の人間関係への関心がどこまでも濃くなる反面、イツメン外への関心はどんどん薄くなっていく。

ところで、学校現場ではアクティブ・ラーニングなど、少人数での話し合いを中心にした自発的な学習が重視されている。ところが現場では、班での話し合いが成立しないということが問題になっている。同じ班になったのだから、そして学習のための枠組なのだから、という前提があっても、イツメンでなければ授業テーマに沿った話をすることもできない子がいるのである。

子どもたちの人間関係の関心の範囲を学びの枠組の強制的な設定によって広げる……という意図も、もしかしたらアクティブ・ラーニングという学び方にはあるのかもしれない。しかし実際のところ、それがうまく機能していかないという嘆きを耳にすることが多い。

このように学習のための班でもこんな状況が起こっていると、イツメングループの中での関係性を維持することが、学校生活での自分の居場所を失わないためにはますます必要になってくる。イツメン以外の場は、同じ班であっても、完全なアウェーになってしまう危険があるからだ。なので、とにかくイツメンとの関係が命綱になるので、どこまでも気を遣い合うという構造ができてくる。

たとえば、自分の失言などに対して、フォローしてくれたときなど、とてもありがたいと思う前に、イツメンの関係性を維持するための労力を相手に遣わせてしまったという後ろめたさのほうを強く感じる子もいる。自分との関係が悪くなると、クラスの居心地が悪くなるから親切にしてくれているのであって、自分のことを好きだからしてくれるのとは本当は違うのかもしれない、といったような深読みの深読みをしてくたびれている子もいるのである。

その疲労感の裏には、利害などと関係ないところで成立する純粋な友情を心から求める年頃なのに、気持ちをぶつけ合うこともなく、オトナの判断で表面が荒れないようにして過ごしているというねじれの構造があるように思う。そのため、トラブルがあったとしても、そこを越えてまた仲良くなるというようなシンプルな関係を信じられないのだ。ほんの些細な表面的なトラブルであっても、表面が荒れたことは彼らには本質的な破綻として捉えられてしまうことがある。そのため、トラブルを自分が起こしても、また自分にとって嫌なことがあったとしても「なかったこと」「感じなかったこと」にしてスルーするしかないことがある。そうしなければ、イツメン関係自体をリセットしてしまうような危機につながる場合もあるのだ。

このような背景があるから、大人からみるととても仲の良い友だち同士のように見えるのに「友だちというわけではない」「親友がいない」と嘆く子がいるのだろう。イツメンがイコール友だちとは限らないのである。もちろん、イツメンイコール親友同士という幸せな子どもたちもたくさん存在しているが、こういう見えない状況が子どもたちの人間関係の裏では進んできているのを感じる。

彼らと話していると、イツメンというのは、電気や水道といったインフラのようなものだと感じる。つまり、生活の基盤を支えているものなのだ。以前は、クラスや班が一緒だからという「場」を共有しているところからそれはできるものだったように思う。ところが今は、イツメンという意識的な努力によって構築している「人間関係」によって作り出す比重が重くなっている。そこに波風が立つと、生活が立ちゆかなくなるので、とにかくトラブルは避けたいのだ。だから、そのインフラを守るためにはそこで起こるトラブルの気配には敏感にならざるを得ないのである。

好きなことを言い合っているように見えながら、実は「ツッコミキャラ」と「いじられるけど何でも言うキャラ」という関係を保っていたほうがイツメンの維持のためにはいいので、そのフォーマットに則っていただけ……という場合もある。「キャラ」という単純化されたありようで人間関係を成立させたほうが、波風が立ちにくい。つまり、予定調和を壊さないことが、人間関係によるインフラを守ることになるのだ。そのためには単純化した「キャラ」を演じることのほうがずっと安全だと思っている子もいるのである。クラスの自己紹介ゲームで、「変顔を見せて!」というカードを引き当てた子が、「私、クールキャラなのでできません」と断ることもあった。もし自分がイツメンの間で予定調和を壊すという失態を犯したとしたら、それはインフラの崩壊につながり、一挙に教室がアウェーになってしまう。だからこのような背景のなかで生きている子は、イツメン間の人間関係の失敗には敏感にならざるを得ないのである。

また同じ学校であっても、学年やクラスが異なると、この状況はいろいろに違ってくる。どんな子とも好意的な交流をもつことができ、クラス全体のことを考える力もあり、なおかつ、周囲に一目置かれるような影響力を持つ子が二人くらい同じクラスにいると、クラス全体の「場」が整うことがある。同じ「場」に居ること自体がインフラになるのだ。そうするとその「場」に守られて、班が一緒になった人たちとは、それが誰であってもちゃんと協力しあえるし、イツメンはただの仲の良い人同士のグループの意味しかもたなくなるし、少々の失敗にビクビクしなくてもすむのである。

〈隣の席のイツメン〉

A子は、自分のほうから話しかけて人間関係を作っていくことが苦手で、何につけ受け身な子だった。四年生までは、保育園から一緒で、家も近いB子とC子が同じクラスだったので、その二人のそばから離れないようにしていた。三人でいると、二対一になってしまうことも多く、わざとA子を残して二人が足早に教室移動するなど、意地悪をされることもあった。しかしこの人たちから離れたらクラスに居場所がないという切迫感から、A子はその三人のイツメングループから距離をとろうとはしないまま、四年生を終えた。

五年生になったとき、B子やC子と別のクラスになったA子は、D子という新しいイツメンを得た。この二人がイツメンになったのには明確な理由があった。それは席が隣になったということである。

自分から話しかけることが苦手な子たちが、何とかイツメンを作ろうとするときには、新しいクラスでたまたま近い席になった子と、その後一年間、ずっと一緒にいる場合がある。特に話が合いそうでもないし、一緒に居て楽しそうでもないけれど、まるでイツメン契約でもしているかのように、とにかく一緒にいるのだ。他に話したい人ができたとしても、それは裏切り行為と受け取られることがある。契約違反は許されないのだ。

「この一年間は、その人と一緒にいると決めたから、それ以外の人とは話せない」と言った子もいる。そしてこのようにして無理矢理作られたその相手との関係は、その学年のみで終わることが多い。学年ごとにクラスでのイツメンはリセットされるのだ（クラス外でも、習い事や塾、ネットの中など、それぞれの場所で他のイツメンを並行して確保しておくことが、平穏に日々を送るためには必要なことになっている）。

さて、A子である。五年生の間は、D子と二人でずっと一緒にいたのだが、六年生になったときに、何と、

B子、C子、D子の全員と同じクラスになったのだった。A子にとっては、たとえときどき、仲間はずれにされることがあったとしても、快活なB子やC子と一緒にいるほうがずっとクラスにいるのが楽しかった。そのため六年生になったときにA子は、D子にまったく近づかず、B子、C子のそばに寄っていった。ところがD子は、A子とまた六年でもイツメンになれると思っていた。そのため、B子やC子と一緒にいるA子の側に寄ってくることがあったのだ。B子やC子は、あまりにタイプも違い、話も合わないD子がなぜ自分たちの近くにいようとするのかわからなかった。A子はD子のことをふたりに紹介することもなかったのだ。A子はもうD子とイツメンになる気持ちはまったくなかったのである。

ある日、B子が紙で切った指を痛がっているとき、D子がさっと鞄の中から傷テープを差し出した。B子がD子に対して「ありがとう！　助かるーー！」と言ったとき、A子の中にD子に対しての何とも言えないどす黒い気持ちがわき上がってきた。自分の場所をこのままだとD子に奪われてしまう……。焦ったA子は、D子のノートに「あんた、うざい。超うざい。消えて！」とボールペンで殴り書きをしたのだった。

そのノートが担任の目に留まった。五年生のときに仲が良かったA子とD子の間に何かトラブルがあったんだろうと考えた担任は、A子を呼び出して話を聞いた。A子は、「ちょっと、D子に嫌なことされて……」と最初は具体的なことは話さなかったが、やがて、実はD子がいい人ぶってB子に取り入ろうとしたように思えて、それが嫌でたまらなくて、B子やC子にもう近づいてほしくなくて書いてしまったと担任に話したのだった。そして「もうこんなことはしません。D子さんにも謝ります」と涙を流した。その後、担任の前でD子に謝ったのだった。担任は、「ちょっとした人間関係のトラブルがあったけれど、本人は反省しているし、相手にも謝ることができましたので……」と保護者に連絡をしておいた。

事情が変わったのは翌日だった。「どうしてうちの子だけがこういうふうに責任を負わせられなければいけないんでしょうか」という電話がA子の保護者からかかってきた。そして「A子は、D子さんと仲良くしたかったのに、D子さんがA子を無視してB子さんやC子さんに近づくのが辛かったと言っています。最初にD子さんがA子を無視したのに、A子だけに謝らせるのはおかしいです」という話に変わっていたのだ。

D子のノートへの暴言は、A子がイツメンを巡る自分の居場所に関して、苦しい状態になっているからこそのSOSでもある。ところが、そう受け取ることが難しい保護者もいる。失敗をしてしまった子どもをどう支えていくのかということには気持ちが向かないのだ。それどころか、A子のSOS（トラブルを起こしてしまったこと）自体をなかったことにすることで、親のほうが自分自身を必死で守ろうとしているのかもしれない。親が、子どもの失敗に弱いのだ。

そうすると、A子こそが本来は被害者なのに、加害者扱いをしたというストーリーになり、担任の指導の方向性が違っていたのではないかという主張になっていく。このような主張は、親が子どもを過保護で守っているようにも見えるが、実は子どものことを一番無視したやり方だ。

自分が起こした人間関係の失敗を、親が「どうしてそんなことをしたのか」と真剣に聴いて、自分のしでかしたことを悲しんだり怒ったりしながらも、「じゃあご飯食べようか」というような感じで引き続いて自分の面倒を見てくれる。こういう一連のつながりのある関係を体験することこそが、子どもが失敗を引き受けることができるようになるためには不可欠なのだ。

失敗をしたり、悪いことをしてしまった自分を親に受け入れてもらえないのであれば、そういうことはどこまでも隠さなければならないし、表に出してはいけないという思いに子どもは襲われる。それは、もう絶対に失敗はできないという緊張感になり、ちょっとした失敗でも世界が終わってしまうくらいの絶望感につながるので、過敏にならざるを得ないのだ。

〈子どものつまづき、親の傷つき〉

「別に全員に好かれなくてもいい」という言葉は、よく耳にする。それは、無理をしてまで良いひとをしなくていいとか、全員に好かれるような人はいないという意味で使われることがほとんどだろう。ところが、今の子どもたちがこの言葉を口にするとき、「自分の好きな人以外は傷つけてもかまわない」という意味で使われることがある。A子も、B子に好かれるためならば、D子を傷つけることなど何とも思っていなかった。でも、暴言を書いてしまうという失敗を担任に発見されたことをきっかけに、そんな自分ではいけないということに気づくチャンスを得ていた。しかし、結局のところ、親の傷つきの深さから、そのチャンスを生かし切ることは叶わなかったのである。

あまりに狭い人間関係に縛られ、そのなかで汲々としている子どもの心を支えるのは、その苦しさの背景を知ったうえで、その苦しさゆえにさまざまな誤作動を起こしてしまったことを一緒に悲しんだり、時には怒ったりと、一緒に心を揺らしてくれる大人の存在以外にありえない。

（初出・二〇一七年一一月）

第15章　壇蜜とマツコ・デラックス

――彼女たちの共通項――

〈「専業主婦になりたい」〉

「専業主婦になりたい」「家事や子育てをしながら、その邪魔にならない程度のパートをしたい」このような希望をもつ女子高校生が増えてきているらしい。「らしい」というのは、面接室内での会話だけの問題ではなく、高校の先生方からも聞くからである。

勉強も好きではない、努力することもいや、できるだけ楽に生きていきたいと願うような子が、専業主婦の家事、子育ての苦労も知らずにそんなことを言っているんじゃないかと思われた人もいるだろう。そういう子は、もちろん、今までも一定層、存在していたと思う。もしくは、就職の大変さなどをマスコミが煽るから、聞いただけでも心が壊れそうなシューカツなどという恐ろしい戦線に出ていく気持ちになれなくなっているのではないか……と考える人もいるかもしれない。確かに、そういう面もあるだろう。ところが、進学校で非常に良い成績をとっていて、医学部や難関校を目指している女子のなかに、本気でこのようなことを考えている子たちが増えてきているというのである。そして「専業主婦をさせてくれる人と出会うために、大学に行く」という、ある種、確かな目標を持って進学を考えている子もいるのである。これまた、今までもこのような考えを密かに持っているひとたちが存在はしていたのは間違いないが、それをオフィシャルにも発言するようになってきているのだなあ……と、ある意味、感慨深かった。

〈「女子会」のパロディをする男子たち〉

さて、昨今の中高校生の恋愛事情を聞くにつけ、ほんとうに男女差がなくなってきているのを感じる。まず彼とつきあうようになったきっかけとして、女子のほうから申し込んだなどというのは、もう当たり前のことで、女子のほうが積極的に男子を査定し、選んでいるという印象がある。また、彼から告《コク》られて、オッケーした決め手になったのが、彼の手作りのクッキーがすごく美味しかったから、その心の込め方に感激して……などというエピソードも出てくることがある。そんな話を聞くにつけ、え？　ちょっと待って。告ったのは、彼のほうからで、クッキー作ったのはどっち？　などと、話の筋を確かめたくなることもある。彼が、美味しいクッキーを作って、告ってきた、ということが、一瞬、スムーズに頭に入ってこないのは、どんなに男女差がなくなってきているということはわかっていても、どこかでまだ本当のところピンと来ていない部分があるからなのだろう。

そういえば、勤務している大学のエレベーターのなかで、箱を両手で慎重に持っているオシャレ男子と乗り合わせたことがあった。ふと目があったので「それ、何が入ってるの？」と聞いたところ「あ。これ、僕が作ったティラミスです。今から友達が焼いたクッキーとかと一緒に持ち寄って、お茶するんで」「へえ！　いいねえ。女子もいるの？」「いや、みんな、ヤローです☆」ということもあった。手作りのティラミスやクッキーとヤローの語感があわないよ、と思いつつ、基本的にこういう男子たちはコミュニケーション能力も高く、日常生活を楽しむ力がしっかりあるなあと感じる。

ところで、みなさんは壇蜜をご存じだろうか。『半沢直樹』（TBS系列、二〇一三年放送）でも愛人役で出演していたし、バラエティにも昨年（註・二〇一四年執筆）からよく出ているのでご存じの方も多いだろう。日本一美しい三十二歳とか、黒髪の白拍子といったキャッチコピーで表現されることが多いが、彼女がメインで活躍しているのはグラビアである（彼女自身、自分はずっとグラビアの仕事を大事にしていきたいと語っている）。そしてヘアヌードも辞さないし、かなり際どい映画にも主演している。レトリックを駆使したエロス満載の言葉遣いや態度で、中高年の男性に大人気……というのが、一般的な見方であろう。彼女は小学校から東京の名門女子大学の附属校育ちで、英語教員の免許も持っているし、海外留学経験もある。また日本舞踊も名取になるほどであるし、葬儀社での勤務経験があるなど、いろいろと興味深い経歴がある人である。

この壇蜜、実は女性たちからもとても人気があるのだ。グラビアで活躍中のひとで、エロスを売りにしているのが明らかな女性タレントが、一般女性に支持されるというのは、かなりめずらしいことだろう。観客に誰がゲストなのかわからないときの特別ゲストとして壇蜜が出てきたりすると、まるで男性アイドルが出てきたかのように、フロアの若い女性客から黄色い声が飛ぶのを見ると、これはかなり面白いことが起こっているなと思っていた。

思春期の女子で壇蜜の話題を出してくる子もいる。彼女たちは、壇蜜の何がどういいのかということを具体的に述べることはできないけれど、「きれい」「何か、いい」「エロイんだけどね」「何を言ったりしたりするのか、すごく興味がある」ということは口にする。ちなみに、中高校生、もしくは二十代の男性の口から壇蜜の名前は一度も聞いたことがない。

〈「性別」をパロディ化する〉

壇蜜から一挙に話が逸れるが、マツコ・デラックスの人気は、ここ三、四年で不動のものになったように思う。ゲイでありながら、「女装家」であるという点では、ミッツ・マングローブも同じ立ち位置である。タイプはまったく違うが、美川憲一や美輪明宏など、性自認が男性でありながら女性言葉で世界を鋭く切り取るひとたちの系譜はあるものの、マツコ・デラックスのように、歌や演技や霊能力など、他の特別な能力がないのに（特別に巨大な身体はあるが）トークひとつでブレイクをしたというのは、めずらしいことだろう。そして、マツコにしても、ミッツにしても女性にファンが多いのが特徴である。

マツコは、著作のなかでも述べているが、自分が同性愛者であるということは小学校のころから気がついており、その道でしか生きられないと思っていたらしい。なのに、ゲイの文化にはどうしてもなじめず、自分自身がこうありたいと願う外見は女性なのだという。しかし、性別適合手術を受けて女性になりたいトランスジェンダーというわけでは決してなく、身体は男性のままで男性を好きになるという状態が自分にとっては一番自然であるという。しかし、トラッドなゲイの男性は女性的な装いをまったく好まないので、ゲイとして生きていくのに、女装というのは非常に不利というか、もうゲイの恋愛市場的にはありえないことらしい（なので、もう恋愛は悲しいけれど諦めていると著作にあった）。このようにテレビ向けのショーアップのためだけに女装をしているのではなく、かなり複雑な内面的なプロセスをもっていることがよくわかる。

男性を誘惑するエロスの化身のような壇蜜に対して女性ファンが多いこと、そして、マツコ・デラックスの人気、このふたつはどこかでつながっている気がする……という感覚がずっとあったが、あまりに遠いふたつの点を結ぼうとしているのかも……と、ずっと棚上げにしていた。

するとこのことを理解するうえで、非常に参考になる番組が年末に放送されたのである。それは、壇蜜と、ミッツ・マングローブと、小島慶子の鼎談だった（『ボクらの時代』フジテレビ系列、二〇一三年三月二九日放送）。そのなかで壇蜜が、自分のことを「女のパロディ」と言っていたのだ。女のパロディ。この言葉で、いろいろな謎がハラハラと解ける気がしたのである。

壇蜜は、このようにしたら、男性が喜ぶんだよねという女性像をパロディとして真剣に演じているのだ。自分自身とその演じている部分との距離感の絶妙さに、女性たちは壇蜜に深い知性を感じている。それは、いわゆる「ぶりっ子」などという形で、女性の前で見せる自分と、男性が好む女性の在り方とを場所によって器用に使い分けているというようなものとは、ひと味もふた味も違うのである。「ぶりっ子」はいつの世でも女性からのバッシングを受けるのだが、壇蜜のそれは「ぶりっ子」ではない。性的なニュアンスを強く出しているから、ただのカワイコぶりっ子とは違うという意味だけでなく、本質的に意識の持ちようが男性に媚びてない（ように感じる）のである。これは壇蜜がずっと女子校、女子大育ちであったということも関係しているのかもしれない。彼女は中学生の頃から「愛人」というあだ名があったそうなので、アンニュイで影のある雰囲気はそのころからの持ち味なのだろう。そんな雰囲気をもっていたら、思春期の男女が共存する共学では、なかなか女子との関係が不穏になってしまう危険を伴うだろう。ところが、幸いにして彼女は女子校だったため、「愛人」の雰囲気を持ち合わせていたとしても、それはパロディとして機能することが可能だったのではないだろうか。常に、女子からの視線を意識し、その視線に鍛えられるなかで、「女」を客観視する冷徹な意識が彼女には生まれていたような気がする。

そのラインで考えてみると、マツコも、女のパロディである。性自認は男性でありながら、女装をすることによって（しかも、その女装は内的な強い要請からきている）女をパロディ化しているのだ。ミッツが、先の番組で、壇蜜のようなひとに「女のパロディ」をされたら、「女装家」はまったく叶わないと言っていたが、確かにそうだろう。ミッツにしてもマツコにしても、女性に間違われるような女装がしたいのではなく、あえて女装をしているのだというところに意味を見出している。それは、性別をパロディ化していくことと、どこかで関係しているのだろう。

このように考えていくと、壇蜜とマツコ・デラックスとの間に、BL（ボーイズラブ）を入れてもグラデーションがしっくり行くような気がしてきた。BLが好きな思春期の女子たちは、異性の間ではあまりにしっくりし過ぎて、どこかべったりとしてしまう関係性を、男性同士という関係性に置き換えて、その距離感を大事にしようとしているのではないだろうか。

第3章でも述べたが、BLは、自分のなかの男性的な意識を投影できるから、アニムスが優位になってきている思春期女子に好まれる……という部分もあるだろう。それも踏まえた上で、男性同士というこの距離感が、恋愛における関係性のパロディとなっているから、思春期だけのものでなく、今の巨大市場となっているのかもしれない。

専業主婦になりたい女子も、ひと昔前の女子たちが、専業主婦に憧れたのとは違って、何らかの関係性のパロディとして、その立場に憧れている部分もあるような気もする。手作りのお菓子でのヤロー同士の茶話会も、女子会のパロディだ。ベタに何かを目指すとか、熱く、何かを求めるという濃いパッションや関係性は、なかなか実現が難しい。それよりも、そういう自分を客観視し、少し醒めた距離感にもっていく、パロディの立ち位置のほうが、今を生きるうえでは必要とされているのかもしれない。

(初出・二〇一四年二月)

第16章　季節はずれの思春期

——ミタさん的家族の成長——

〈若くはないが大人でもない〉

いったい、いくつになったら、大人になったといえるのだろうか。いや、今の時代、いくつになっても思春期心性はどこかでずっと残っているのかもしれない。

というのも、教員を目指している大学生に、中学生の心理などを話したあとで「では、自分自身はもう大人だと思うひと」と訊ねると、ほとんど手があがらない。まあ、これは当然だろうなと思う。そして、そのあとで「じゃあ、もう自分は若くないと思ってるひと」と聞くと、真剣な顔で今度はほぼ全員、手があがる。そうなのだ。大人にはなれてはいないけれど、年をとった子どもになってしまっているという妙な感覚がそこにはある。

そしてこれと同じ質問を、PTA講演で思春期の心理について話したあとに中学生の保護者に聞いても、ほぼ同じ反応が返ってくる。「では、もう若くはないと思っている方はどれくらいおられますか」と聞いたときには、苦笑とともにバラバラとほぼ全員の手があがる。もちろん、こんな大雑把な質問に対しての挙手の仕方で何かが言えるわけではない（エビデンスもなにもない！）。ただ、子どもが思春期真っ最中の四十代〜五十代のひとたちにとっても、精神的に大人であるという確信や自信はまったくないままで、年だけをただ重ねて若くない自分になってしまっているという感覚のほうが何となくフィットするようだという、イマドキの空気は感じられる。

「ひとりの男として生きていきたいと言って、夫が家を出ていきました」と中学生のAくんの母Bさんは、深いため息をつかれた。

Aくんは夏休み明けからぱたりと学校に行けなくなっていた。そのため、Bさんは相談に来ておられたのだ。Aくんは何事にも積極的に取り組むし、友人関係もうまくいっているいわゆる「イイコ」だったのに、どうしても登校できなくなっていた。いわゆる「芋虫（子ども）時代は元気に動き回っていたのに、蝶になるためにさなぎになった」という思春期の問題として考えることが可能な、貴重なタイプの子だった。「行こうと思うのにどうしても行けない」と嘆くAくんに、Bさんは優しく気持ちをそわせておられたが、父親は「行こうと思うなら、行けるはず」と不機嫌に出勤する日々が続いていた。Bさんとしては、Aくんも心配だけれど、それよりもAくんの不登校をめぐって感情が大きく揺れる父親の様子のほうに、より不安を感じておられた。

Bさんの家は、体調を崩して弱ってきているため気持ちが不安定になっている夫の母もおり、Bさんは家族内での調整に全力を尽くしておられた。そんななか、Aくんの父親は家を出ていったのである。

出ていった先は、Facebookで知り合った女性の家だった。父親は、仕事には休まずに行き、二〜三週間に一度くらいの頻度で突然、家に帰ってきてはBさんが作った夕飯を食べたり、洗濯物を置いていったりするのだった。そして帰ってきたときにはBさんやAくんにはふてくされた態度をとるものの、小学生の次男とは以前と変わらずゲームをしたりして楽しげに遊んでいた（ちなみに、Aくんとも小学生の間は、関係はとてもよかった）。

父親がたまに帰って来るような状況についてBさんは、お父さんは仕事が忙しくて会社での泊まり勤務が増えていると子どもたちには説明して、表面的には平穏な日々が続くようにエネルギーを遣っていた。

Bさんにとっての夫は、「息子たちの父親というよりも、長男というような感じでした」という言葉にも表されるように、世話が必要な子どもポジションにあったようだった。Bさんは、非常に理性的な配慮と母性的な雰囲気があり、このひとに家を任せていたら、さぞ夫は安心だっただろうと思わされるような包容力のあるひとだ。いくら世話のやける「長男ポジション」であったとしても、夫は仕事熱心だったし、子どもと一緒によく遊んでくれる優しいひとだったので、これといったトラブルも夫婦間にはなかった。ところが長男が思春期に突入したこの時期に、このようなことが起こってきたのである。

実は、このようなケースはめずらしくない。もちろん、最初から親という責任を放棄して無反省に恋愛に夢中になっている親には、また別の深刻な問題がある。ところがこのBさん夫婦のように、それほど大きな問題が見いだせないなかで、突然、「夫でも父でもなく、男として」というような宣言とともに、役割を放棄するという事態に妻が愕然とする……というケースに出会うことがあるのだ（女性が役割を放棄する場合ももちろんあるが、残された男性はそのようなときに心理療法の場に来られることがめったにないのでお目にかかるチャンスがない）。

仕事も真面目にし、結婚し子どもにも恵まれるというように社会的な立場では一人前の男としての立ち位置をしっかりと持っているのに、心理的には、大人としての責任を継続して持ち続けることに、人知れず違和感をもっている男性は、かなりの割合でいるのではないだろうか。しかし、こころのなかではさまざまな嵐が吹き荒れようとも、そこで踏みとどまって大人としての責任を何とか遂行しようとしているひとのほうが圧倒的に多いのは確かだ。でも、子どもの思春期に刺激されて、表の社会化された態度の裏側に潜んでいた思春期男子が、表面に出張ってきて暴れてしまうこともあるように思う。

さて、Ｂさんの夫であるが、彼はＢさんとの間に擬似的な母子関係を結婚以来、ずっと作ってきていたのではないだろうか。そしてＢさんもその関係でよしとしてきた。このような関係にある夫婦は日本では多いが、今までは社会や共同体からの圧力があるため、どんなに無理をしてでも夫なり父親なりの「役割」を遂行するしかない状況があったといえるだろう。しかしそのような外圧が弱くなってきて、個人の自由の範囲が大きくなってくると、「役割」をどれほど引き受けるのかというのは、個人個人の意識の問題になってくる。そうすると、このケースの場合のように、「役割」の放棄が簡単に行われることも起こってくるのではないだろうか。

Ｂさんの夫と実母との関係はそれほど温かいものではなかったようだ。そのため、Ｂさんの夫は、母性的なものから自立するとか、離脱するとか、そのような思春期的なこころの仕事はあまりしてこなかった可能性がある。最初から切れている関係のなかから、自立のテーマが立ち上がってくることはない。結婚当初からの同居にしても、実母と関わる気が最初からないから、特にそれが負担であるとか、絶対に別居がしたいという気持ちも、普通ならあるはずの同居にまつわる葛藤も夫にはなかった。広い家だから同居しても干渉しあわずにすむし、住居費がかからないという合理的な判断だけを夫はしていたのである。

Ｂさんの夫は、Ｂさんとの十五年に渡る「母と息子」関係を基盤にして、遅まきながら母性的なものからの離脱と自立という思春期テーマが生まれてきたのではないだろうか。そのため、彼にとっての母性の代表としてのＢさんとの距離の取り方が混乱しているように思う。だからまるで思春期の男子の無断外泊のようにして家を出たのに、たまには家に着替えを取りに帰ったり、自分の洗濯物を母親（Ｂさん）に洗わせることは当然のことだと思っていたりするのであろう。

〈『家政婦のミタ』にみる現代の家族〉

もうずいぶん前になるが、みなさんはあの脅威の視聴率をたたき出した『家政婦のミタ』(日本テレビ系列、二〇一一年放送)を見られただろうか。これは、大人の思春期心性がどういうプロセスで変化していくのかという視点で見ても、かなり良くできたドラマだったと思う。

このミタさんは、いかなる時にも喜怒哀楽を表さず、ロボットのように無機質でありながら、パーフェクトに家事をこなす凄腕の家政婦である。決して笑うことのない彼女の背景には壮絶な事情があるのだが、ここではミタさんが勤務することになった阿須田家のことを中心に考えていこう。

阿須田家の父、恵一は、若いときに長女の妊娠をきっかけに何となく結婚をし、夫としても父親としても自覚が持てないなかで四人の子どもの父親になっていた。そして同じ会社の若い女性と一年前から不倫関係になり、その人と結婚をしたいから離婚をしてくれと妻に告げたのである。そうしたところ、その翌日に「あなたに捨てられるくらいなら私は死にます」という遺書を残して妻は自死をしてしまった。主婦を失った阿須田家は生活が立ちゆかなくなり、家政婦を依頼することになったのである。そして高校二年の長女、中二の長男、小六の次男、そして幼稚園の年長の次女と恵一のもとにやってきた家政婦が、ミタさんだった。

まず、この設定自体、二十年前のドラマならあり得なかっただろう。妻子がありながら若い女性に夢中になるという設定ならいくらでもあっただろうが、妻や子どもに対してほとんど何の葛藤もなく「初めてここまでひとを好きだと思えたから」という理由で、あっさりと離婚を切り出すという展開など、まず、見なかった。

どうやって妻に隠れて他の女性とつきあうのかとか、その女性から妻との離婚をどう考えているのかと詰め寄られて妻（や子どもたち）と不倫相手の女性との間で苦しむという葛藤を描くものならばたくさんあった。

しかし、人格的に極端であるとか、放蕩な人物であるといったような描かれ方がされないふつうのサラリーマン家庭の夫なのに、いきなり、家族よりも初めて自分が好きだと感じることができた女性のほうが大事だと言えてしまう父親像など、今までのドラマではなかった。また、夫に離婚を切り出されたからと言って、母親としての責任がある子どもが四人もいるのに、「女」として捨てられた絶望感からその翌日に自死をしてしまうというのも斬新な設定である。ところが、そんなのはおかしいとツッコミたくなるものの、こういうことも今はあるのかもしれないというような妙なリアリティを感じるのである。

先のBさんの夫の例でも、「父や夫としてではなく、ひとりの男として」という言葉があったが、背負わねばならない役割を外れたところで、自分「個人」を認めてほしい、その自分を評価してほしい（特に異性に）というこころの動きは、思春期心性そのものである。恵一もそうだ。このような中年のひとたちが実際に増えているのを感じる。

さてドラマのなかでは恵一の妻も、一人の女性として自分を否定されたことだけにとらわれて、衝動的な自死へと走ってしまうが、Bさんは母親として、そして家庭の主婦としての役割をしっかりと自覚し、そこで踏みとどまろうとしている「大人」だった。その自覚が思春期のAくんや小学生の弟を守ることになったのである。ドラマのなかでは、不自然で極端な言動も多いものの、その役割をミタさんが担っていた。

一方恵一は、「子どもたちのことを本当に愛しているのかわからない」などという、父親という役割にある大人であれば決して言葉にしてはならないであろう「弱音」を、そのまま子どもたちに言ってしまっていた。大人であれば、そして親であれば、子どもに言ってはならない言葉があるということは自覚すべきであるが、それが恵一にはない。そのため、思春期にある長女、長男、次男は、強烈に恵一に反発し、家から追い出してしまう。この、父親として全否定される体験から、恵一の成長は始まっていく。ミタさんの助けもあって、徐々に子どもたちそれぞれのよさを恵一が発見していくプロセスは、恵一が思春期心性から少しずつ脱却していくプロセスと重なっている。

ドラマでは最後の最後まで、情けなさが残る父親として描かれているが、最初は子どもたちを母親ごと切り捨てていた恵一が、子どもたち四人込みでなければ、自分のこれからの未来はないと思えるところまで成長している。

〈白黒をつけない決着〉

Bさんの夫は、一年後、家に帰ってきたというか、家から出ていかなくなった。洗濯物を持って帰り、夕ご飯を食べ、そのまま泊まり、翌日からは毎日帰ってくるようになったのである。Bさんは、しっかりと話し合いをしようかと思ったが、Aくんがふつうにお父さんに笑いかけて話しているのを見るうちに、このままでもいいかと考えるようになった。問題をあいまいにせず話し合うというのは、言葉で言うのは簡単だが、実際、それはとてつもなく困難なことであり、全体の流れのなかでなんとなく収まっていくのであれば、そのほうがよい場合もある。Bさん夫婦も、劇的に夫は変わらないものの、Bさん自身の意識は母親役から少し変化していった。そのことだけでも、夫の思春期心性の出方は違ってくるのである。

いわゆる思春期の時期に思春期が始まらない子が増えている一方で、季節外れの思春期に惑わされる大人も増えている。今どきの思春期の幅は広い……。

（初出・二〇一七年八月）

第17章　今、ここに生きる「私」はどこまでも拡散していく

――SNS時代の青春――

〈三種の神器の変化〉

旧Twitter（現X）、LINE、Facebookが思春期のSNSの三種の神器だった時期はあっという間に過ぎてしまった。思春期の親の年代にはFacebookはまだまだ有力なツールだが、思春期の関心はInstagramとTikTokというビジュアル投稿に完全に移行している。mixiやブログという長めの文章をアップするツールは、自分の気持ちや考えなどをひとつの筋を追って語るような表現方法だった。しかし今は、感覚や感情や思考についての短文のつぶやきや、スタンプという感情表現のイラストや、写真とそれに添えられたキャプションのように、瞬間を切り取った形で表現し、その場ですぐに伝えるツールを利用する人が圧倒的に多くなってきた。視覚的なインパクトが強く、感情はとても動かされるものの、文脈や脈絡というものを重視しないコミュニケーションがどんどん増えてきている。

それはそれで、ほんとうに面白い時代になったもんだなあ……と思う。六秒動画のVine（二〇一七年サービス終了）などで、オチのある楽しめる作品を投稿している中・高校生も多いし（註・二〇一六年執筆当時）、いろんなアプリを使って自分の感覚を映像で表現する能力は、格段に進化しているのを感じる。瞬間を切り取る刹那感は、思春期心性にほんとうにフィットするから、はまる子が多いのもわかる。

このようなツールが当たり前にあるなかで育っている現代の子どもたちの能力は、大げさに言うと、今まで人類が発達させてこなかった脳の一部を飛躍的に伸ばしている部分もあるんじゃないかな……と感じるほどだ。

その一方で、仲間うちでの悪ノリ（や、いじめの様子）をネットに上げたため公的な処分を受けることになったり、うっかりしてしまったバカなことが、生涯、デジタルタトゥーとして消えずに刻まれたり、文脈が読み取れないなかでインパクトのある言葉やイラストが感情の誤読を生んで、思いもかけないトラブルになったり……と、ネットのリスクをリスクとして認知できていないと、とんでもない結果を招くことにもなっている。思春期は、先のことを考えて今の自分の言動を律することができにくい時期だ。だからその特性と、ネット端末が常に手元にある日常は相性がとことん悪い。

「俺も昔はワルかったんだよね」という枕詞から始まる（どこかヤンキーを引きずっている人たちが語る）過去の武勇伝は、若い人にとって即座にスルーモードに入りたくなるような話題だろう。また真面目なオトナになっている人がけっこうな逸脱行為をした過去についてぼそっと話すこともある。このように、一緒にその場で体験した仲間うちでの行為や、自分自身の記憶に留まっている思春期の悪さは、語らない限り、見知らぬ人に知られることはまずない（そして、お酒が入ると、そのことを語りたがる人は多い）。でも、もし、その当時、旧Twitter（現X）などにその様子をふざけてアップしていたら、Yahoo!ニュースのトップを飾っていたかもと思うような内容もそのなかに含まれていることもある。ネットにつながるツールがないなかで思春期を送れたからこそ、その後の人生に影響を及ぼすことなく、思春期の嵐を懐かしんで話せるようなオトナになることができた人はかなりの数、いる。

〈「友だち整理」のブロック大会〉

さて、みなさんは、LINEのブロック大会について、思春期の子どもたちから聞かれたことはあるだろうか。ブロックとは、連絡がとれないようにアクセスを妨げられるようにするという意味だ。ブロック大会とググるだけでも、「LINEが重くなってきたので友だち整理します！」「とあるLINEの友だち整理――ブロック大会」「暇なんで、ブロック大会しまーす」などなど、LINE画像が山ほど出てくるので見ていただけたらと思う。

このブロック大会は、LINEのグループに入っている人のなかで、ほんとうにこのグループに残りたいと思っている人だけを選抜するという意味をもつことが多い。友だちリストが膨大になりすぎて、目的の人を探すことができにくくなったため、友だちを整理するという目的ですることもあるらしい。言葉に対する感性がある（まともな感覚の）子にとっては、この「友だち整理」という言葉は、かなり破壊力のあるものだが、イマドキの思春期の子どもたちのなかでは、アドレス帳のリストの整理イコール友だち整理ということになるらしく、それほどの重みをもって語られることは少ない。

そしてこの「友だち整理」を兼ねたブロック大会は、自分のことをどれほど認めてくれていて、自分をかまってくれるのかということの指標として開始が宣言される場合もある。あまりに頻繁にブロック大会をしたがる人は、「かまってちゃん」とか、「あの人、かまちょ（かまってちょうだいと主張する人）だから」などという言われ方をして、面倒な人という烙印を押される。いずれにしろ、「承認欲求」を刺激するイベントであることは間違いない。しかも、何の準備もいらず、ただ自分の所属しているLINEのグループのメンバーに対して、ブロック大会の宣言をするだけなので、なんとなく退屈だから……というような動機で突然、始まることがある。ブロック大会を宣言された側は、時間制限内にスタンプを返送するなり、何らかのレスをしない限り、今後LINEのアクセスをブロックされてしまって入れなくなるのだ。

最近の中学生は、学級のクラスLINEに入っていることが多い（高校生は当然のように入っている）。もともとは、さまざまな連絡事項がスムーズにクラス全員に行き渡るようにという目的で行われているもので、何かホットなニュースがあるときだけは活発に動くものの、放置されっぱなしになっていることもよくある。本来は、クラス全員に連絡を行き渡らせるためという目的があったはずなのに、完全にその存在意義を失って、他のグループLINEに入っていないと、結局は連絡がこない……ということもあるので、保険をかけて何重にもLINEグループに入っている子は多い。同じクラスにいるんだから、そこで連絡をしあったらいいのにと思うのだが、カーストの問題やらグループ間の距離が遠い問題やら、いろいろとある場合もあって、顔を合わせているから情報が必ずしも入るというわけではないというのが、今の思春期のツライところである。

さて、そのクラスLINEをきっかけにして、こんなことが起きた。

あるクラスの、カーストでいうと一軍に属しているAくんが、退屈しのぎにブロック大会をクラスLINEでしたのである。そうしたところ、全員が、すぐにブロックしないでほしいという返信をして、あっという間にその大会は終わった。ところがそれに刺激されて、BくんもクラスLINEでブロック大会を宣言したのである。Bくんは無邪気で幼い雰囲気の子で、いつも騒いではいるもののAくんのような影響力はない子だった。でも、その時にはAくん始め、みんなが返信して、無事、Bくんのブロック大会も終わったのだが、Bくんでもみんながスタンプで返信するのならば……と、その後わらわらと、Cくん、Dくん、Eくん、Fさんと、続けてブロック大会を宣言したのである。

そうなると、久々にクラスLINEが活発になって面白がる子と、「かまちょ、めんどくさいなぁ……」と感じる子が出て来る。その結果、返信をせず、ブロックされてしまう子も出てきてしまった。でも、あくまでも遊びでしているので、すぐにブロックを解除したりして、ブロックされても痛くも痒くもないという状況だった。

〈不安の暴走〉

しかし、そのなかでFさんだけは、遊び半分、本気半分のブロック大会主催だった。ところが、ほとんどの人から返信があったものの、自分のイツメン（いつものメンバー）の2人の人からは、既読スルーされて、何の返信もなかったのである。そのため彼女は急激に不安になってしまった。

こんなくだらないことで承認欲求を満たそうとするから、不安になるんじゃん！！　連絡をとって、ちゃんと別のことでコミュニケーションをとればそれでいいじゃないかと一般のオトナは思うのだが、それがスムーズにできれば誰も苦労しない。そしてFさんはどうしたのかというと、イツメンのグループLINEで、改めてブロック大会をしたのである。

おいおいおいおいおいおい！！　そんなことしたら、余計にかまちょだと思われてしまうよ！　同じ日に重ねてのブロック大会、しかも大事なグループの人対象にブロック大会とかするのは禁忌だよ！！　既読スルーされて、孤立するよ！！　やめなよ！！と、前もって知っていたら背後霊にでもなって後ろから叫びたいところだが、何せ、その瞬間に感じた孤独を埋めるためなら、すぐに瞬発力を出せてしまうのが、手元にネット端末がある悲劇である。彼女はすぐにブロック大会をしてしまった。結果、イツメングループで、一番、返信が欲しかった同じクラスの二人からは返信がないままだったのである。

自分のことを大事なイツメンだと承認してほしくて、「私と繋がりたかったら返事をしてね」という上から目線のニュアンスで、相手の気持ちをためすようなブロック大会をした結果、逆に自分のほうが排除されてしまう側の「友だち整理」枠に入ってしまったのである。ショックのあまり、怒りにまかせてFさんは、その二人をすぐにブロックしてしまった。でも、その子たちが一緒にいてくれないととてもクラスに入れない。なので、「ごめーん！　ブロック解除しまーす！」と、お茶目なスタンプの連打とともにすぐにブロックを解除したのだが、そのときには、向こうからすでにFさんはブロックされていたのである。自分が蒔いた種とは言え、Fさんはどうしていいのかわからなくなるほど落ち込んだ。そして学校に行きたくない……と毎朝、ツライ想いをするようになってしまった。

〈退屈しのぎの遊びが刺激する承認欲求〉

最初のクラスLINEでのブロック大会は、ほんとうに単純な退屈しのぎの遊びから出たものだったのだろう。しかも、一軍のAくんが主催したものならば、仕方なくでもクラス全員が参加するのは当然だったのだと思う。自分だったら絶対にみんなは乗ってくるはずという（ちょっと思い上がったAくんの）自信を、こういう形で確認するツールにもクラスLINEはなっているのだ。それもいかがなものか……と思わないでもないが、やはり承認欲求がベースにあるからこそ、このような遊び方になるのだろう。そこで終われば良かったのだが、思春期の悪ノリは簡単に連鎖する。幼い雰囲気のBくんが、自分の立ち位置とAくんのクラスでの立ち位置の違いなどをあまり考えずすぐに乗じ、それに刺激されて男子たちがワイワイと楽しげに悪ノリしてしまったという構図が見える。

そんななか、Dくん、Eくんあたりになると、「はあ？　お前、ウザイ」「カンチガイ！」というような返信も多く、LINEは荒れ気味だったのに、そんなところにわざわざダイブしていったFさんは、客観的な状況がまったく見えなくなっていたとしか思えない。もしかしたら、それほどにFさんは、自分の存在を確かめたいという気持ちがその時、みなぎっていたのかもしれない。Fさんが特別に大変な子というわけではなく、感情の降下の波と、たまたまこのブロック大会の刺激が噛み合ってしまって、もっとも不適切な形での自己確認の仕方へと彼女を暴走させてしまったのだと思う。普段、何ということもなく過ごしている子でも、承認を求める気持ちを刺激されてそれが急激に高まると、普段なら冷静に判断できるはずのことでも、コントロールが時に外れてしまうことがあるのが、思春期の難しさなのだ。その難しさを、時にアンプのように拡大しているのが、このSNSのツールなのだと感じる。

〈定点としての「私」はどこに〉

旧Twitter（現X）で刹那の感覚を表現し、LINEでもグループが違えば、まったく違うキャラで会話をすることが当たり前になっているような状況のなかで生きている現代の思春期の子どもたちのなかに、「定点としての私」を見出すことは、とても難しい。Fさんにしても、クラスのなかの「定点としての私」を感じたくなったムーヴメントが心のなかに起こったから、こんなことになったとも考えられる。このように「定点としての私」を希求した瞬間に、それは承認してほしいという承認欲求も強くなり、それだけ苦しみが深くなるのだから、そんな「私」は拡散させておいたほうがいいと考えている子もいる。確固とした「私」などもたないように、その場に合わせてどうにでも振る舞えるようにしているほうが、適応しやすいのである。
デジタルタトゥーとして、消えない「私」が刻まれる一方で、今、ここに生きる「私」はどこまでも拡散していく……。イマドキの思春期の子どもたちが生きている世界は、決して甘いものではない。

(初出・二〇一六年八月)

第18章 「秘密」と「うそ」の裏側にあるもの

〈思春期の「秘密」のめばえ〉

思春期に「秘密」はつきものである。誰とどんな「秘密」を共有するのかによって人間関係が濃くも薄くもなるのだということを知るのも、思春期に入った証拠である。小学校二年生あたりから（女子はもっと早いことが多いが）「これは、二人だけの秘密だよ」「絶対、これは人にいわないでね」という言葉が頻繁に友人関係のなかで使われるようになる。「秘密」は誰にも言わないからこそ「秘密」なのだが、同時に、誰かと共有したくてたまらなくなるという魔力をもっている。

「秘密」の共有が関係を深めるため、グループ内で暗号やサインを使うというのもよくある。ところが、同じグループ内で「秘密」を知っている人と知らない人という情報格差が生じるよう操作するという悪意もしばしば「秘密」の共有のなかには起こってくる。

たとえば、鼻を人差し指で押さえるポーズを取ると、それは「つまらない」というサインだということを、グループ内のひとりだけに知らせない。そしてその子が、そのポーズの意味がわからず戸惑うのを見て、「秘密」を共有している子たち同士で自分たちの関係の深さを確認するのである。

これはやられる側からすると、相当つらいことである。そしてやっている方からしても、いつ自分が「秘密」を知らない側になるかもしれないという緊張感に晒されることになる。このように「秘密」は、思春期の子のこころに、暗い刺激と興奮を与えることも多いのだ。

また親や先生といった身近な大人に「秘密」をもつようになることは、思春期では必要悪とも言えるだろう。それは、「自立」に関わってくることだからである。何か具体的な出来事について「秘密」にするだけでなく、自分の「感じ方や考え方」を「秘密」にするということも思春期には起こってくる。そうすると、その「秘密」を守るためのうそもつかねばならなくなってくるのだ。

では思春期の「秘密」の裏側にはどのような物語が潜んでいるのだろうか。

〈反抗期のなかにある秘密〉

Aくんは小学校一年生である。夕食に呼ぶと口の周りにチョコをつけている。「チョコを食べたでしょう」と母が指摘すると、「食べてないよ」と目を泳がせながらいう。「うそおっしゃい。口の周りについているじゃない」と指でチョコを拭って目の前に出すと、「えへへ。ごめんなさい」と笑う。こういうことはどの家でもあるだろう。怒られることがわかっているから、禁を犯した自分を「秘密」にするためとっさに「食べてない」というう「うそ」が口から出てくるのである。このように、禁じられていることをしたことを「秘密」にするためつく「うそ」は、ごくシンプルな「子どもの意識」での「うそ」である。ところが「秘密」にもさまざまな段階がある。表面的にはほとんど同じように見えても、成長のプロセスのなかでその裏にある流れがまったく違ってくるのである。

やがてAくんは中学生になった。そして小学生のときとまったく同じパターンで、夕食前にチョコを口の横につけているのを発見され、母が指摘したところ、彼は「食べてない」と不機嫌な声を出した。「食べたでしょう」と重ねていうと「食べてないわ！」と声を張ってくる。「どうしてそんなうそをつくの！」と母がイラつくと、「うるせー！」とドアを大きな音で閉めて出ていった。「いったい何ごとなの」とその音に驚いた祖母が出てきたところ、母が「黙っててください！」と怒鳴ったことが引き金になって、祖父や父も巻き込んでのトラブルになってしまった。

〈大人の葛藤に気づく思春期〉

実は、小学生のときも今回も、このチョコは母親と関係の悪い祖母が彼に与えたものだった。母は子育ての方針をなし崩しにする祖母のことを腹立たしく思っていた。しつけをきちんとしたいのに、祖母はお小遣いやお菓子やおもちゃで子どもの関心をひこうとする。どんなに祖母にそういうことは止めてくれと頼んでも取り合ってくれず、夫に言っても「別にいいじゃないか」と聞き流されるばかりだった。家のなかで孤軍奮闘しながら子育ての筋を通そうとしている緊張感がAくんのお母さんにはあったのだ。

母親からすると、祖母からチョコをもらったのは火を見るよりも明らかなのに、それを言わないということは、Aが祖母側の人間になってしまっているのだという怒りと強烈な淋しさがあった。そのため、執拗にAくんの「うそ」を糾弾することになっていたのだ。

一方、Aくんは幼いころはまったくわからなかった家のなかでの母と祖母との葛藤をこのところヒシヒシと感じるようになっていた。母が自分のために一生懸命だということもわかるが、のんきにいろいろなものをくれる祖母と居ると、ほっと気が抜ける。でも、そのことが母にとっては不愉快なことらしいということもわかっている。だから、チョコをご飯前に食べたという「秘密」がばれることは、母よりも祖母を優先したという、母に対しての「罪」が明らかになるという意味も含まれてくる。口の周りに証拠を残したという自分のミスによって、二人がまた険悪になるのは嫌だという想いもあり、Aくんは必死でうそを突き通そうとしたのである。しかしその結果、余計に家の空気は悪くなってしまった。思春期の子が家にいると、このような家族の葛藤もより表面化しやすくなってくる。

Aくんも小学生のころは、おどけて笑ってすませていた。しかし中学生になった今では、祖母から食べ物を貰うことは母親を裏切ることになるということをはっきりと意識するようになった。これは成長の証であるが、こころの負担は激増する。彼は、怒られるのが嫌だというシンプルな気持ちに加え、母に対して悪いという想いもあるがゆえに「うそ」をつかねばならなくなってきているのだ。それなのに母は執拗に自分を追い詰めてくる。そんな母に「何もわかっていないくせに」と真剣に腹が立ってくる。でもこのような気持ちを言葉で表現できないのが、思春期である。Aくんなりの母親に対しての思いやりもその「うそ」には含まれているのだが、大人の側も、自分の孤独と淋しさにいっぱいいっぱいになっていると、思春期の子どものそんな気持ちには気づくのは難しい。

このように子どもが思春期に入り、周囲の人たちの想いを多層的に感じとれるようになったがゆえに余計に家族関係が複雑になっていくこともある。家庭の緊張を自分がおどけることで緩和させていた感受性の強い子が、家のなかにある葛藤のありようをはっきり意識するようになると、道化役は苦しくなる。しかもこのような感じ方や考え方をするようになっていることは、誰にも言えない「秘密」なのだ。いや、「秘密」という自覚はないかもしれないが、大きな固まりを胸に違和感として抱えているため、不機嫌で怒りっぽくなってしまう。子どものころは、自分の気持ちの動きなど無自覚に、ただ何となく感覚的、反射的に行動していたのに、思春期に入って意識的な自分が生まれるということは、このような苦しみも生むのである。思春期が大変だというのは、このようなこころの動きが奥で始まるからなのだ。

「家のなかでのガヤ芸人は、もうやめた」と言った子もいた。道化役と同じ意味で「ガヤ芸人」と言葉を使う子がいる。自分が話題の中心にいるわけではないが、その場で起こったことに対して朗らかに賑やかしをして、場を緩ませる「ガヤ芸人」を、思春期でいったん家庭内引退する子もいるのである。

〈「秘密」という荷物〉

Bさんは中学二年生の女子である。彼女は登校のときに持ってくる荷物の量がとてつもなく多い。大きなリュックを背中に背負い、手提げカバンも持っている。

あるとき、Bさんが何よりも大切にしているノートがなくなった。それは小説の創作ノートだった。Bさんは、「ノートをそこに入れていることを知っている誰かが盗ったんだ」と普段仲良くしているグループの誰かが犯人ではないかと疑ったのである。カバンをひっくり返して探しているなかで、ノートはBさんの手提げカバンの底から発見された。彼女自身がわざわざ奥の方に隠していたのを忘れていたのだ。それ以後、Bさんのグループ内での居心地は最悪になり、相談室へとやってくることになった。

それにしてもなぜ、Bさんはそんな大荷物を抱えて学校に通ってきていたのだろうか。そしてわざわざ、どうしてそんな大切なノートを学校に持ち込み、その挙げ句、友人を疑うようなことをしてしまったのだろう。

Bさんによると、彼女の家族は時代遅れなほど真面目で固い家族だった。祖父はNHKしか見てはいけないと言い、両親もその祖父のいいなりだった。ところがBさんは中学校に入ったころから、家では悪とされている、漫画やアニメやライトノベルに強烈に惹かれるようになったのである。そのようなこと自体、家族には「秘密」だったが、あるとき、友人から借りた漫画を発見されてしまった。そして怒った祖父はその漫画を捨てるよう両親に命じたのである。

Bさんは、親の財布からお金を抜き取り、それで漫画を買って友人に返した。お金が減っていることに気づいた親に問いただされたが、Bさんは「そんなの私が知るわけないじゃない」と平気な顔でうそを突き通した。お金を抜き取ったことに彼女は罪悪感の欠片もなかった。借りた漫画を捨てられてしまったということを友人に「秘密」にするためには、それしか方法がなかったのだから。そしてそれ以後、自分が好きなものは、絶対に家族に知られてはいけないと、すべての自分の「秘密」をカバンに詰めて登校するようになっていたのである。

家のなかで安心して「秘密」がもてないとき、子どもは外にその「秘密」を持ち出すしかない。そして彼女のように秘密を具体物として家の外に持ち出すと、なぜか一番、大切なもの（彼女の場合はノート）を見失ってしまうという出来事が起こることがある。大事な日記を持ち歩いていたら、それを落とし、拾った男子にみんなの前で音読されたことをきっかけに不登校になった子もいた。家のなかでも、外に持ち出しても、自分の大事な「秘密」は常に他者によって脅かされているという強い不安のため、秘密を守るために必死になっているはずなのに逆に不注意を呼び、このような出来事を招いてしまうのではないだろうか。だから「秘密」をどう抱えていくのかという重要なテーマに向かっているときほど、なぜかその「秘密」が暴かれるというハプニングも起こりやすくなるように思う。

〈こころが変わると記憶も変わる〉

Bさんの家では、友だちが遊びに来ると、祖父があとで必ず、その友人の悪口を言っていた。それが嫌でたまらなかった彼女は、「お祖父さんが病気だからうちには遊びに来てもらえない」と友人にうそをつくようになった。そのため元気な祖父を見かけた友人から「うそつき」と責められたこともあった。また、彼女は自分の書いた小説が新人賞をとったと周囲の子たちに話していた。そういう事実がないことが明らかだったため、見栄っ張りのうそつきだと、以前からBさんはグループのなかで不信感をもたれていたのである。

Bさんは面接室でも、小説で新人賞をとったことがあると自己紹介をした。やがて何カ月か経ったころ、「今度、初めてだけど、作品を新人賞に応募してみようと思う」と真剣にこちらの顔を見てきた。つまり、過去に新人賞をとったことがあるというのは、うそだったということを告白したことになる。しかし、話をしている彼女は、以前、新人賞をとっていたと話していたことも、今になってそのうそがばれてしまったことにもそのときはまったく気がついていなかった。このようなことは、人が変化をしていくために会っている面接室ではよく起こる。

人が変化していくなかで、過去の出来事に対しての見方や感情が変わることは大切なことである。しかし、特に思春期の子と会っていると、変化のプロセスのなかで、過去の記憶や、過去に自分が言っていたことまでもが改変されることもよく体験する。まるで何パターンもの別バージョンのシーンが撮影されていて、それを編集作業によって別のものを採用して、まったく違う話に作り替えているような印象を受けるときがある。同じシーンの解釈が変化するのではなく、シーン自体が置き換えられる（つまり記憶自体が変化する）こともあるのだ。

今回のBさんも、中学生で新人賞に輝いているという肥大した自分イメージから、一応募者にやっとでなれるかもという程度の等身大の自分イメージを受け入れることができるところまで変化してきている。このようなミラクルで妄想的な自己イメージを「中二病」に罹患しているとして、冷めた目で客観視しようとしている子もいるが、Bさんはそのような視点もなかった。彼女は「秘密」にすべき頭のなかでの妄想的自己イメージを「秘密」にできず、公開していたのである。それは他者からは、「うそ」を言っているとしか思えない。家族に「秘密」にするためのこころのエネルギー消費量が多すぎたため、脳内で広がっていくイメージを「秘密」にするほうがおろそかになっていたとも考えられる。適切な守りが与えられておらず、その子自身、自分にまったく自信がないときほど、このような誇大的なうそが生じてくるように思う。

思春期は、特に変化の大きい時期である。言っていることがこの前と全然変わっているということもしょっちゅうだ。そのようなときに大人は、だまされたとか、うそばっかりついているというふうに捉えてしまいがちだが、このような「変化」の副作用としてそういうことも起こるのだという視点をもつことも必要であるように思う。

また実際のところこのBさんなどよりもはるかに大変な家族の「秘密」や、自分自身についての重大な「秘密」を抱えている子もいる。子どものこころでは抱えきれないほどの「秘密」があると、その子は外の世界との接触場面で「うそ」ばかりつかねばならないことがある。「うそばかりつく子だ」と問題視されている子の裏に、大きな「秘密」が存在している可能性があることも忘れてはならない。

〈ネットと「秘密」〉

ネットの普及で今の子どもたちの「秘密」のありようはずいぶんと変わってきている。親のまったく知るよしもない「秘密」をネットのなかでもち、そこで匿名の攻撃などを受けて深く傷ついていることを誰にも言えずにいる子もいる。一方で、本来ならば「秘密」にすべき自分の日記を、ブログのなかで公開している子も非常に多い。「めっちゃさっき凹んだ」「何かむかつくー」「超あげあげ！」などその時の感情が日記として公開されると、その思わせぶりな書き方に反応して、実際にその子と会っている子たちは「自分のせいで凹んだってことだろうか」「僕にむかついているんだろうか」と気に病むことがある。顔を合わせていたときはふつうに振る舞っていたのに、ブログではその時のことを「凹んだ」とか「むかつく」などと書いてあると、何を信じていいのかと混乱するのだ。

このように、生身の関係とネットの関係という二重構造のなかで、自分の感情を生身の関係のなかでは「秘密」にし、副音声の放送のように、ネットで感情の実況をしている子も増えてきているように思う。

（初出・二〇一二年二月）

第19章 異界とムスビ

——新海誠『君の名は。』にはまる——

〈『君の名は。』ヒットから読み解けること〉

思春期のクライエントと日常的に会っておられる方は、きっと『君の名は。』（新海誠監督、二〇一六年公開）というアニメについて面接内で話題になった体験をもっておられることだろう。

『君の名は。』は新海誠という四十三歳の監督の作品で、音楽とのコラボの見事さ、背景や自然を描いた映像の美しさ、そして心に響くストーリーで大ヒットしたアニメである。去年の八月に公開して以来、宮崎駿監督の『千と千尋の神隠し』（二〇〇一年公開）に継ぐ興業収入をたたき出し、年が明けて二月になっても、未だにロングラン上映中である。

このアニメが封切られて以来、会うクライエント、会うクライエント「三回見た」とか「すごく感動した」「話が複雑だけれど、泣けた」「風景がめっちゃ、キレイ！」など、口々に語られることが続いた。また親面接でも、家で久しぶりに子どもが口をきいたのが、『君の名は。』マジ、泣ける」という言葉だったということや、「絶対、見に行くべき！！」と子どもに言われて一緒に見に行ったという報告を受けることも重なった。もちろんなかには「意味がわからなかった」「今までの新海ものとラストが違うだけ」と、それほどでもないと言う人たちもいた（が、そういう文句を言いながら二回三回と見に行っている人もいた）。しかし、絶賛している人にもそうでない人にも、もうちょっと突っ込んで物語の内容を聞いても、「男女が夢のなかで入れ替わる」「彗星が落ちる」というようなCMでわかるような断片だけが出てくることが多かった。なかなかこの複雑な物語の流れを理解して語ることは難しいのだ。というよりも、ストーリーで心を掴まれている部分もあるのだろうが、もっと感覚的なところに反応している部分が強いのではないかな……という感じがあった。

印象的だったのは、「お祖母さんが、すごい昔からの話をするところが良かった」「昔話の世界みたいになるところがある」「言い伝えって、絶対に意味があるんだなって思った」など、こちらのアンテナの感度をぐっと上げたくなるような発言があったことだった。昔話っぽい？　言い伝え？　そんなツボがあるのならば（巫女舞がいいという情報もツボだった）、これは見るしかない！と見に行った。

すると、男女が夢のなかで入れ替わるなど『とりかへばや物語』のようでもあり（もともと『夢と知りせば――男女とりかへばや物語』という仮タイトルだったらしい）、すでに意味を忘れ去られた古代の智慧が、実は現代を生きる人たちにどれほど大きな意味をもっていたのか……という話でもあり、まさに、昔話の世界と現代とをつなぐような内容だったのである。今は、日本のどこに居てもスマホで情報を得たり、つながったりすることは当たり前のことなのに、本当に大切な人とは時空が違うために会うことも話をすることもできない。最先端の文明の利器をもってしても乗り越えられない壁が立ちはだかったとき、人は古代社会が大切にしていた根源的な魂の力に可能性を求める……というような作品だった（と勝手に感じた）。

もちろん、感動したポイントは上記のようなところでなく、すれ違いの切ない恋愛の部分だという人も多いだろう。しかし、特に思春期の人たちが何度も見たと報告する様子からは、もっと全体的な「世界の関係性」に反応しているような印象があった。このあたりをきちんと言語化できる思春期のクライエントはいなかったので、こちらの勝手な思い込みじゃないかと言われてしまえば、そうかもしれない。ただ、今までは現実的な人間関係の話しかしなかった子が、『君の名は。』の話をきっかけに、「そう言えば、この前、夢を見て……」と夢の報告をしてきて、そこからイメージを広げて語ることができたり、「夕方になるといつも胸がザワザワしていたのは、黄昏時っていうか逢魔が時だったからなのかもーって思ったりして」（このくだりの元ネタはアニメのなかにある）と、部活のときに人の言うことに敏感になってマイナスにばかり受け取ってしまう嫌な胸騒ぎについて、別の角度の見方をしてみたり……ということもあった。

このように、今までは「関係」と言えば、現実の人間関係に関心のすべてを奪われていたクライエントが、そこだけに「関係」を特化してしまうのではなく、大げさな言い方をしたら「世界の関係性」に対して開かれるきっかけにこのアニメがなっているのを感じる。そしてその「世界」には、自分の見た夢や昔からの言い伝え、そして自分が生活している場所の風景が重要なものとして含まれているのが大事なポイントなのだ。

中沢新一は、景観のことを「人の心の動きを巻き込んでできている風景」と『大阪アースダイバー』(二〇一二)のなかで定義していたが、新海作品のなかで描かれる景観は、まさに「人の心の動きを巻き込んでできている」ものだ。心象風景という一般的な言い方では、何か新海作品の風景の圧倒的な力を表現するのには足りないな……と常々思っていたのだが、この中沢の定義に触れたとき、これだ！と思った。都市の景観だけでなく、千年前に落ちた隕石によってできた自然のカルデラの景観も、そこに社を祀ろうとする「人の心の動き」があることによって深い奥行きが生まれているように感じる。そのような「人の心の動き」を含んだうえで、微妙に変わる光の当て方などの超絶技巧で描き出しているからこそ、こんなに心に届く風景になっているのかもしれない。

何だか、新海作品の評のようになってしまったが、このアニメのなかの（限りなく現実に近いのに、まるで違う世界を描いているような）風景描写の力によって「世界との関係性」のなかには自分の心の動きも含まれていて、そこで自分は生きているのだという感覚を深く揺り動かしているように思う。

〈近頃の思春期にとっての「異界」〉

世界は目に見えているこの現実だけでできているわけではなく、違う世界——異界——と重なりあっている（と思う）。でも違う世界とか異界などといったところで日常では、そんなことはまったくピンとこないのが普通だ。個人差は大きいものの、子どもとしての「死」を体験しなくてはならない思春期は、どんな人でも異界に近づく時である。ここでも何度も論じてきたが、中学生の好む漫画やラノベには、異界の話が実に多い。また、彼らが時間を忘れて没頭しているゲームでも、神話のモチーフが必ずどこかで使われている。

このように、（当然、個人差はあるが）もともと思春期というのは現実とは違う世界との関係性にイメージを通じて拓かれやすい時期である。しかし、このところの思春期臨床では、ＳＮＳというツールが日常に食い込んでしまっていることもあって、人との瞬間的な関係性を結び合わせることや、それにまつわるトラブルの話題に終始することが増えてきていた。また異界は、ゲームのなかですばらしいクオリティをもったエンターテイメントとして別枠で特化されてしまっていて、その人独自のイメージ生成をどこかで阻んでしまっている部分も増えてきているようにも思える。つまり思春期の子と会っていても、異界のイメージが「今、生きている自分」との関係性のネットワークのなかに組み込まれにくくなっているように感じるのだ。手元のスマホで、どんな異界のイメージも体験できるが、それは楽しいエンターテイメントではあるものの、世界に含まれて生きている実感とはなかなかつながりにくいものになっているように思う。

そう。この、日常と異界とが重なり合っている感覚を、この『君の名は。』は（楽しいエンターテインメントとしても存在しながら）呼び起こす力があるのだ。だからこそ、内容がよくわからなくても、何度も何度も中学生が（中学生にとっては大金を毎回払って）見に行くのだろう。

〈「神話」や「昔話」はなぜ語り継がれるのか〉

『君の名は。』では、美しい天体ショーとして人々に幸福を与えていた彗星がいきなり軌道を外れ、ふたつに分かれた欠片のひとつが糸守という美しい湖と自然に恵まれた村を直撃する。トリックスターとしての自然がいきなりこのようなことをするのだ。そして祭りの最中だった村人たちは村もろとも消滅してしまう。糸守の町は千年に一度の彗星の衝突に遭遇したのだ。糸守のすばらしい湖や自然は千年前に落ちた隕石によってできたものだった。神社が伝えていた彗星の危険を告げる記録が途絶えたせいで、二度目の被害に遭ったのだ。人がなぜ、神話や昔話を、つじつまが合わないし合理的でもないのに長年に渡って伝えてきたのか……という答えのひとつを、この作品は示していると言えるだろう。それは、スマホで得る情報やつながりとは違い、人の心の古層が、未来に向かって大切な智慧を伝えようとする力と結びついているものなのだ。

神職をしている三葉（主人公）の祖母が、「土地の氏神さまのことをな、古い言葉で産霊って呼ぶんやさ」と語る場面がある。「糸をつなげることもムスビ、人をつなげることもムスビ、時間が流れることもムスビ、ぜんぶ、同じ言葉を使う。それは神さまの呼び名であり、神さまの力や」と、神さまというのは、「関係」を示すものであり、言葉は人と人とを結び、言葉によって結ばれた気持ちが神さまなのだということについて深い声音で語る。本来、何かを伝えるというのはこのようなことだったのだと染みいる場面だ。圧倒的な風景のなかで語られるこのシーンが一番、好きだと言っていた子もいた。

〈「しめ縄のおじさん」と「ムスビ」〉

他でも書いたことなのだが（岩宮、二〇一七）、ちょっと私的な体験をお伝えしたい。

山陰という（糸守まではいかないが、都会よりは神話や昔話に近い心性のある）土地に住んでいることもあり、幼い頃から年末になると「しめ縄のおじさん」が軽トラで家にやってきていた。神棚用のもの、玄関、水回りのもの、車や自転車用に至るまで、何種類もあるしめ縄をうちの家の状況にぴったり合わせて届けてくれるのだ。そのおじさんから新年用のしめ縄を受け取り、御代を納め、「良いお年を」とお辞儀をし合うのが年末の当たり前の光景だった。その「しめ縄のおじさん」（もうかなりのおじいさんだったが）から、昨年末に電話がかかってきた。病気をしてしまってもう縄がなえなくなってしまったので、もう今年はしめ縄を届けることができない。長い間ありがとう、ということだった。そのため、生まれて初めてしめ縄をスーパーの特設コーナーで買うことになった。家に持ち帰っていつものように神棚の前にしめ縄を全部並べてチェックしていたとき、何かとてつもなく大きなものを失ってしまったという実感がどっと押し寄せてきた。しめ縄という「もの」としては、「しめ縄のおじさん」のものとほぼ同じものがそこにある。けれど、何かが決定的に違うという感覚に胸が締め付けられて、しばらくそこから動けなくなった。こんなにショックを受けるとは自分でもびっくりだった。そうか。年末にほんの数分しか会わないけれど、「しめ縄のおじさん」が、自分の田んぼでできた稲から藁を作り、それを自分でしめ縄として完成させて届けてくれて、年末の挨拶をしながら手渡しで受け取っていたから、しめ縄は大事な神具として存在することができていたんだ……。これが「ムスビ」だったのだということを、強烈な喪失感とともに知ることになった。

現代を生きる人たちはみな、大事な関係性と切り離されたなかで生きている。どんなにスマホで常時接続状態になっていようとも、それで本当に満足している人はまずいない。それは思春期の子たちと会っていてもヒシヒシと感じる。みんな、もっとしっかりと「世界」とつながることをどこかで求めているのだ。

巫女舞の振付のなかに意味を失った過去の智恵が込められていたり、「糸守」という地名示されているように、糸を大事に紡いで飾り紐をつくることがその土地の氏神を祀る巫女としての大事な仕事だったり、その飾り紐が象徴的に結びつけているものは、人と人との次元と理屈を越えた深いつながりだったり……と、この作品のなかには、「ムスビ」という関係性が幾重にも表現されている。

『ユング心理学と仏教』(河合、二〇一〇)のなかで、非個人的なレベルで他者と深くつながるときに生じる感情はあえて言うならば「かなしみ」であると記されている。ムスビの力は「かなしみ」に裏打ちされているのだ。『君の名は。』を見て、なぜか「涙が止まらない」と言った思春期の子たちは、人の古層の記憶の世界と、現代の最先端の問題を何か「かなしみ」に似た感情を体験するなかで、結びつけているのではないだろうか。

文　献

岩宮恵子(二〇一七)解説. In : 河合隼雄著 : 昔話と現代. 岩波現代文庫.
河合隼雄(二〇一〇)ユング心理学と仏教. 岩波現代文庫.
中沢新一(二〇一二)大阪アースダイバー. 講談社.

(初出・二〇一七年二月)

第20章　異性装のイメージ喚起力

――欅坂のてちとマッコ・デラックス――

〈欅坂46のインパクト〉

欅坂46にはまってしまった。

思春期心性バリバリの歌詞や、世界的ダンサーによる印象的な振付、センターの子が「山口百恵の再来」と言われているなどということはクライエントからも聞いていたし、YouTubeでさらっと流して見ていたこともあった。でも、その時には、ふうーん……AKBや乃木坂とは雰囲気が違うんだ……という程度だった。ところが、昨年末に何気なく見ていたFNS歌謡祭で「風に吹かれても」という曲のパフォーマンスに出会ったときから、目が離せなくなってしまった。

何から目を離せなくなったのか。それは、平手友梨奈（愛称てち）の男装だった。何、これ。何なのこのインパクト。ええええ……？　これはこれは、ただごとではなーーい！と、そこから「風に吹かれても」の他のパフォーマンスをネットで探しまくった。

何なのだろう、このイメージ喚起力。思春期の奥の奥にある冷たい熱量のようなものや、ある種の宗教性まで感じさせられるような圧倒的な感覚。そうか。みんなが「てちがすごい」とか、「絶対的なセンター」と言っていたのは、こういうことだったのかと、遅ればせながら気がついた（その影響力が大きい分、アンチも多いということも）。そして「異性装」が、その人の表現力とマッチすると、こんなにも象徴性をパワーアップするものなんだ、両性具有のイメージ喚起力というのはこういうことなのか……ということも同時に感じた。

最新の「ガラスを割れ！」という、尾崎豊が「花のあすか組！」に憑依して現代の意匠で甦ったような（年齢層が上のオタクの方しかわからない比喩ですみません）曲でのてちのパフォーマンスも圧倒的だ。彼女が伝えてくるものは、一見、激しいけれど、非常に細やかな差異がそこに存在している。思春期のミューズとしてのてちが、これからどうイニシエートされていくのか。その先にある彼女の未来はどうなるのかと、もう、何だか気になって仕方ない。

〈感情の目盛り〉

さて異性装といえば、マツコ・デラックスである。第16章で、マツコについては壇蜜との比較で論じたことがあるが、その時には、マツコも壇蜜も「女のパロディ」を演じているという点で共通しているのではないかということを述べた。マツコの友人であるミッツ・マングローブ（マツコと同じくゲイでありながら「女装家」）にしてもマツコにしても、女性に間違われるような女装がしたいのではない。女性ホルモンを打ちたいなどとはまったく思わず、自分のなかの男性性について否定する気持ちはないなかで、あえて女装をしているのだ。

そしてそれは内的な必然性を伴っている。そういう「内的必然性」という点では、プロデュースを受けているてちの男装とはまったくレベルが違うのだが、ここでは「異性装」というつながりで、マツコの話につなげたい。

このことについては他でも述べたが（日本ユング心理学会、二〇一六）、マツコとアナウンサーの宮根誠司との対談が放映されていた。マイノリティの人たちへの視線の細やかさと温かさが揺らがない地母神のような存在感のマツコ。この地母神のような存在感というのも、異性装によって象徴性が賦活されて、（ちょっと大げさに言うと）元型的なイメージが喚起されているからかもしれない。

その一方で、世俗的な意味づけをすることに特化している（ように見える）宮根。マツコと宮根って話が噛み合うのかな……などと思いながら、これはどういう展開になるのだろうと興味津々だった。しかし、ふたりで話している間はさして目新しい内容もなかったのだが、釘付けになったのは、ミッツとYOUが加わってからだった（ご存じない方のために念のために付け加えると、YOUはバラエティにもよく出ている五十代の女優である）。

マツコとミッツとYOUは用事もないのによく会うが、何か困ったことを相談することなどはまったくないらしい。宮根が、目的や相談事なく会うのなんて大人の付き合いではない、お互いが何かの役に立つから会うものじゃないかと（一般的なわかりやすい価値観の代表として）突っ込むと、マツコたちは「それよりは一歩進んだ関係よね」と微笑む。

そのような話の流れのなかYOUは、「マツコは、ゆくゆくは芸能界のフィクサーになると思う」と発言する。それに対して、宮根は「芸能界を牛耳るってことかー」とまとめる。YOUは「そういうんじゃなくてー」「もう、宮根さんのそういうとこ～」と、わかってないなあというリアクションをとりながら、『マツコのいろんな人に尽くす感じ。裏も表も。そういうことが一番大事にこれからなってくると思う」と丁寧に説明を加える。それに対して「芸能事務所を立ち上げて社長になるってこと？」「裏をしきるってことかー」「だとしたらついていったら絶対得だね」という宮根に、ＹＯＵは「もう、またそうやって裏とか表とか、損とか得とかー」「もっといろんなことから感じてよー」「宮根さんって、ほんとうに健康な男子だよね」と返す。内的に非常に複雑なものを抱えているマツコのような人が考えていることを、宮根が（というか健康的な一般視聴者が）どれほど単純で大きなざっくりとした目盛りでしか理解していないのかと、ＹＯＵは持ち前の独特なふわっとしたニュアンスで訂正しようとする。

これからの芸能界では（これは芸能界にかかわらず……だと思う）、あらゆる立場の人たちへ細やかな配慮を丁寧に張りめぐらしていくことこそが何か大きなことを成し遂げるためには大事だということ、そしてそういうムーヴメントがマツコという（ゲイでありながら「女装家」という）超マイノリティが超メジャーになったという反転によって生み出されようとしている予兆を感じるのだとＹＯＵは伝えたかったのだと思う（こちらの勝手な解釈だが）。そのようなムーヴメントを「フィクサー」という言葉で切り取ったために、宮根には表面的な意味しか伝わらなかったのをＹＯＵは悔いているようにも見えた。ミッツが「フィクサーって肩書きじゃないじゃない」と、表を整えるために裏でも細かく配慮する人という意味を含む微妙なニュアンスを伝える言葉じゃないかと補っていたが、そこからはもう別の話に編集されてしまった。

先ほども触れたが、微妙なニュアンスを排除し、単純で大きなざっくりとした目盛りで判断して、その枠組で伝えることに特化しているのが、宮根に代表されるようなマスコミでの報道の仕方なのだろう。ちょっとここで、この「目盛り」についてもう少し踏み込んでおこう。

情緒的な判断や感性の度合いを示す目盛りがあるとすると、宮根の（というか、マスコミの）目盛りはかなり大きな刻みになっているようだ。たとえて言うと、ひと目盛りが十センチくらいの幅になっていて、その目盛りと目盛りの間のことはないことになっているのである。一方で、マツコたち三人が共有している心の目盛りは、一ミリ単位で刻まれている。つまり、一般的なもの（これは健康的な男子としての宮根も含まれる）の百倍、細かい差異を感じとる力があるということである。この差異を感じとる能力が、感受性が豊かであるということなのだと思う。

〈『プリンセス・メゾン』〉

ＬＧＢＴという言葉を耳にし始めた頃だった。思春期の生徒だったAは、「自分って（男か女か）どっちが好きなんだろうって思う」と、そういうことに理解がありそうな大人に話したのだという。するとその途端にその人から、ＬＧＢＴという考え方があって、あなたの場合は、このなかのここに入るかもしれないし、クエスチョニングという、よくわからないというのもあるという詳しい説明を受けたのだった。そして、自分の性別が違うという場合は、ホルモン治療を開始するとよくて、その場合は……と、情報をたくさん与えられたのだという。「親切で言ってくれたのはよくわかるけれど、そういうことが聞きたかったわけじゃないんだけど……っていう感じで、何だかショックで、しばらく立ち直れなかった……」とAは語っていた。

なぜ、Aがショックを受けたのかということがまったく想像もできないし、わからないという人は、もしかしたらこの子の目盛りよりもかなり大きめの目盛りが刻まれているのかもしれない。その子が男女どちらが好きなのか「なんとなくわからない」と立ち止まっている場所から、「わかった」という地点まで目盛りを進めることが何よりも大切で、そのためには正しい知識を与えることが最優先事項になる、と考える大人にとっては、「わからない」の次は知識によって「わかった」の目盛りになってしまう。もちろん、この知識を大人から丁寧に伝えられることによって救われる子もいるのは確かである。しかし、「わかった」までの間には、もっともっと緻密な目盛りがたくさん刻まれていることもあるということも同時に大事なことなのである（思春期には、一過性に同性に好意をもつことがあることも、この「わからない」の揺らぎのなかに存在している可能性もあるが、そのことすら目盛りの間に刻まれず、一挙にLGBTの目盛りへと進めて「わかった」ことにしたがる人もいる）。

さて、このAから勧められた漫画がある。それは『プリンセスメゾン』という二十六歳の沼越幸という居酒屋に勤めている女性（というよりも、女の子といったほうがいいような雰囲気）が自分のためのマンションを買おうとする話で、一回二十頁読み切りでエピソードを重ねて構成されているものだ。幸は、高校一年のときに両親を亡くしてたったひとりで生きている。特に親しい友達も好きな人などもいないなか、一生懸命仕事をし、関わる人には精一杯の優しさで接している誠実な人である。

さて、このAが「この感じ（が好きorフィットする）なんだよね……」と勧めてきたのは、第三巻の第二十二話「去ると決めている場所」だった。ある背の高い美しい女性は、三カ月ごとに住む場所を変えると決めていて、その都度、すべての連絡先を削除しているのだった。その町での三カ月がたち、翌日にはもう引っ越すという雨の夜、彼女はその土地の氏神を祀っている神社に手を合わせ、礼をしていた。そして境内で寝ていた路上生活者に気づくと、雨を避けるようにと黙って自分の傘を立てかけていったのだ。それをたまたま見ていた幸は、雨に濡れているその女性を追いかけて、そっと傘を差し掛ける。その女性の住まいまで他愛のない会話を交わしながら送り終わったとき、その女性は「名前、なんていうの」と幸に名前を聞く。そして「傘のお礼」と言って、腕につけていたたくさんのブレスレットのなかからひとつを選んで幸の腕につける。そして「毎日、キラキラ輝いて元気をくれるの。こういうもののおかげでね……。私には住処も定職もないけど……不幸だったことはないの」と幸に言う。別れ際に幸は振り返って「あの、お名前……」と問うと、その女性は「ヨー……」と源氏名の「ヨーコ」と言いかけて少し戸惑ったあと、「洋助、洋助っていうの」と答える。すると一瞬の間のあと、幸は傘を振り上げながら、「洋助さんに、いっぱいいっぱい幸あれ！」と笑顔を向け、それを洋助は静かに、どこか哀しげに、でも嬉しそうに微笑んで幸の笑顔を受け取る。背の高い美しい女性は、洋助という男性だったのだ。

この話を勧めてくれたAは「この感じなんだよね……」としか言っていなかった。なので、ここからは想像なのだが、異性が好きなのか同性が好きなのか、生まれもった性別に違和感があるのか、異性装がしたいのかなど、何の説明をするわけでもないのに、お互いの感性の目盛りの刻みが揃っていると、ほんの短い接点でも、何か深く通じ合うことができるという、この「感じ」がAにとってフィットするということだったように思う。またこの作品での異性装の洋助の存在感は、あらゆる立場の人たちへ細やかな配慮を丁寧に張りめぐらしていくという、マツコに通じるものがある。そして定住をせず、日常性をもたないということは、どこか超越性にもつながっていく。

宮根やマスコミのありように示されるように、目盛りの刻みが大きいほうがはっきりわかったような気になるし、説得力もある。しかし、一般的に思春期の心はその感性の目盛りが人生のなかで、一番、細かく刻まれている時期だ。思春期の子たちがテレビなどのマスコミよりも、ネットのなかから自分にフィットするものを選ぼうとしているのも、どこかこの目盛りの問題が関係しているのかもしれない。

欅坂のてちの感性の目盛りは人並み外れて細かく刻まれているのだろう。だからこそ、目つきひとつ、手の動きひとつにたくさんの情報量が込められるのだ。そしてマツコも、マイノリティの自分をずっと見つめるなかで感性の目盛りの刻みはどこまでも細かくなっているのだと思う。その感性の細かさがマスコミのなかにあっても失われずに、他に変わりがいないほどの存在感として光を放っているのだろう。

はっきりと言葉で表せない感覚を、思春期の子どもたちは行動だったり好きな漫画やゲームや動画などを示すことで伝えてくる。思春期臨床はこのようなことから子どもたちの細かく刻まれた心の目盛りを推し量りながら行うものだ。これからも、思春期の子どもたちに向かい合いながら、できる限り、目盛りのキメを整えていきたい。

文献

日本ユング心理学会編（二〇一八）ユング心理学研究、十巻：占星術とユング心理学．創元社．
池辺葵（二〇一六）第二十二話「去ると決めている場所」．In：プリンセスメゾン、三巻．小学館．

（初出・二〇一八年九月）

第21章　心のつらさはどのようにしてやわらぐのか

〈心のつらさ〉

心のつらさは目に見えない。

しかしたとえば骨が折れているとか、ひどい傷があるなど、その状況が目に見えると、どれくらい身体の痛みがつらい状況なのかが客観的にわかりやすい。そして治っていくプロセスも痛みの様子もその傷の治り具合から、大筋はわかるだろう。だが、目に見えているはずの傷であっても、人によって痛みの感じ方は違う。そして表面的にはもうすっかり治っているように見えていても、その人にしかわからない痛みや不自由さがいつまでも残ることだってある。また、その怪我をした瞬間やそこまでの経緯のことなどが忘れられず、気持ちが沈みがちになる場合もある。

そうすると、「傷がすっかり治っているのにそんな痛みがあるのはおかしい」とか、「気にしすぎじゃないの」

「前向きにならなきゃ」と、表面的な傷の治りが見えているがゆえに、余計に理解されにくいこともある。ここからは見えない心のつらさの領域の問題になっていくだろう。

つまり、それがどんなにもともとは目に見えるしんどさであったとしても、本人が抱える心のつらさは周囲の人が本気で感じとろうとしない限り、なかなか伝わらないということだ。そしてみんなついつい自分の感じ方や客観的な状況を中心に考えがちなので「それはつらく感じるほどのことではない」とか、「そんなことでつらいと感じるのがおかしい」と勝手に判断してしまうことがある。

また、同じようなつらい体験から立ち直った人ほど、その心のつらさの機微がわかる場合もあるが、逆に「自分はそんな心のつらさに負けなかった。だからあなたも頑張れ」というようなメッセージが強めに相手に伝わってしまうこともある。

心のつらさは、それを「ないこと」にしたり「そんなことを感じるのは弱いから」などという判断をせず、何とか感じとろうと気持ちを向けてくれる人の存在なくしてはやわらいでいかない。では、具体的に考えてみよう。

〈Aくんの不調〉

小学校五年生のAくんが登校前になると「トイレ」と言っては籠もるようになってきたのはゴールデンウィークが明けたころだった。お腹の調子以外にも頭痛を訴えて行き渋ることもある。小児科で診てもらっても異常はなく、何かのストレスだろうという指摘が医師からは返ってきた。

Aくんの両親は、登校に関して障害物があるのであれば、そこを明らかにして、筋の通る方法で解決したいという意識が強い人たちだった。実は、母自身、小学生の時に人間関係のトラブルがあったために、学校に行きにくくなった時期があったのだ。そのとき、トラブルになったクラスメイトとの調整を親が担任に申し入れ、話し合いが行われたことで登校が楽になったという経験があった。だから、Aくんも学校に行きにくい理由に人間関係での「何か」があるに違いないと考えていたのである。そしてそれをはっきりさせることが親として大事だという思いから、何度も何度もAくんに行きたくない理由を聞いていたのだが、「別にない……」「そんなのない」「ほんとにお腹が痛いだけ」と返ってくるだけだった。

母は、担任に問い合わせたが、学校では勉強にもちゃんと取り組んでいるし、他の子たちとのトラブルもないらしい。ただ休憩時間には男子といるよりもおとなしい女子たちと静かに話していることが多いということだった。

Aくん自身が学校での人間関係を理由として言うこともなく、担任の情報からも特に大きなトラブルがあるわけでもないし、体調の悪さも病院で所見がまったく出ないとなると、両親は打つ手がなくなってしまった。自分たちにできることがなくなったと感じた両親は、実はこの子自身がただ弱いだけではないか、怠けているだけなのではないかと、Aくんに対してとても腹が立ってきたのである。

良かれと思ってしていることの効果がまったく出ないとき、(しかもそれが「愛情」という「相手のためを思って」という動機から行われているとき)、行き場をなくしたその想いは、時に、助けてやりたいと思っているはずの相手を追い詰める方向に突き進む。それはまるで我が子のほうが自分たちを追い詰めているように感じてしまうから起こってくるのだ。両親も心がつらくなっているのである。

やがてAくんは起きられなくなって、学校を休む日が増えてきた。そうすると、いよいよ両親は心配になり、毎朝、母は彼に「起きなさい！！！」「何してるの！！」「何があったの！」「何をどうしたら行けるの！」とヒステリックに問い詰めるようになってきた。そうしたある日、仕事から帰ってきた父が「どうして行けないんだ！　理由をちゃんと言いなさい！」と怒鳴ったところ、今まではずっと黙っていたAくんが「親だったらその理由を少しは自分で考えてみろよ！」と叫んで、それ以降、一日も学校に行かなくなったのだ。

〈両親の心のつらさ〉

この彼の言葉と、完全に不登校になってしまったことにショックを受けて、Aくんの両親はそろって相談室に来談され、その後、両親二人での来談がずっと続いた。それほど、夫婦で一生懸命取り組もうという姿勢のある両親だったのである。

そして、「原因がなければこんなことにはならないので何が原因なのか教えてほしい」「あの子の弱さや怠けだとしたらどうしたらそれを改善できるのか」「気持ちをきいたほうがいいと言われても、何も言わないので何もできないけれどどうしたらいいのか」「待つのが大事と言われても、何もせずに待っているのがいいとは思えない」というような不安な気持ちが毎回、語られた。

そのような不安に対し、心のつらさは具体的に言葉にして伝えることが難しいとき、身体の不調という形をとって表現されることがあること。自分でも何がつらいのかはっきりしないことも多いこと。思春期に突入したため、子どもとして完成されていた状態が揺さぶられて、新しいAくんに成長しようとしているなかでこのようなことが生じている可能性もあることなどを伝えていった。

来談されたときには、そのような言葉にひとつひとつうなずかれ、メモをして「よくわかりました！」と笑顔で帰られるのだが、次に来談されたときには、「何も変わりません。前と一緒です」と、また一から同じ不安が訴えられるのだった。両親の心のつらさは、息子への不安を話し、そのことについて何らかの考え方の方向性を得た瞬間には少しやわらぐものの、その効果はすぐに消退してしまう。こういうことはとても多い。一回話したからといってマジカルに心のつらさがなくなることなどなく、何度も同じ不安を話すという地道な繰り返しが大事なのである。

そして「何も変わらない」と言われていても、細かく話を聞いていくと、読みたい本を図書館から借りてきて欲しいと母に頼んできたり、一緒にテレビを見て笑う時間ができてきたりと、毎回、変化はあるのだ。しかし、それを「変化」として捉える視点は、相談室で話すまで両親のなかにはないのである。

来談が続くうちに、彼が図書館の本をその学年で一番、たくさん借りていること、また絵を描くのが好きで、複雑な色合いを持つ彼の絵は高く評価されて、市のコンクールで何度も入賞しているということなども語られるようになった。どうやら彼はかなり繊細で内的に豊かなものをもっている子のようだ。彼が休憩時間におとなしい女子たちと静かに話していることが多いということからも、言葉よりも行動のほうが先に来る同年代の男子よりも、言葉での交流を深めることができる女子との時間に安らぎを感じていたのかもしれない。

この両親はとても愛情深いひとたちであるが、自分たちの子ども時代の体験をもとに、気持ちの問題でも「原因」さえわかればそこから解決が見えてくるし、そして解決さえしたらスムーズに前の状態に戻れると信じていた。特に母は、自分の体験がベースにあったために、そのときの感覚だけを頼りにAくんのことを見ていた可能性もある。不調の原因に働きかけ、その後は「自分はそんな心のつらさに負けなかった。だからあなたも頑張れ」というようなメッセージを送ろうと思っていたのに、原因すらはっきりしないことがあるなど、なかなか納得できなかったのである。

Aくんの「自分で考えてみろよ」という言葉は、心のつらさの言語化を求められて追い詰められたがゆえの逆ギレとも言えるが、わかりやすい原因を求める以外の発想もしてほしいという、本質を突いた言葉でもある。

〈「目盛り」の大きさの違い〉

さて、前章でも述べたことだが、もう一度、この件について詳しく述べてみよう。

仮に情緒的な判断や感性の度合いを示す目盛りがあるとしよう。その仮定でいくと、どうやらAくんの両親の目盛りはかなり大きな刻みになっているようだ。たとえて言うと、ひと目盛りが十センチくらいの幅になっていて、その目盛りと目盛りの間のことは計測不能というか、感じとることができないようだ。一方でAくんの心の目盛りは、一ミリ単位で刻まれている。つまり、両親の百倍、細かい差異を感じとっているのだろうと思われる。

この細かい差異を感じとる能力があるというのが、感受性が豊かであるということである。絵の具から出したままの原色で画用紙を塗り込めるのと、いろいろな色を組み合わせて微妙なニュアンスの色を作り出して彩るのとの違いといったらいいだろうか。

学校に行きにくいことに関しても、それについての目盛りが「原因がある」「解決する」といった大きな単位しか両親には刻まれていないのかもと考えてみてはどうだろうか。両親にとっては、このふたつの項目がひと目盛りなので、「原因がある」というポイントをはっきりさせて、「解決する」というポイントまで動かさないと、何も変化していないことになってしまう。だから執拗に彼に「原因」を訊ねることになってしまったのかもしれない。

Aくんと両親のように、親との目盛りの単位が違い過ぎると、親は子どもを理解できないし、子どもは親の無理解にとても苦労することになる。Aくんの両親は、ふたりの目盛りの大きさがそろっていたので、夫婦の意見は一致しやすいが、その分、Aくんに対する配慮には盲点が増えてしまったのではないだろうか。親の方の目盛りが大雑把で、子どもの目盛りが緻密な場合、繊細な子どもには多大な負担がかかる。Aくんが何か心のつらさを表現しようと発した言葉は、「原因」と「解決」というハッキリとした目盛りの間に位置するものであるため、両親にとってはまったく感知できなかったのかもしれない。

来談のたびに、「何も変わりません。まったく一緒です」と言われていたのも、「学校に行き始める」という「解決」の目盛りのところまで針が振れていないときには、何も変わっていないことになってしまうのだと考えられる。日常生活のなかで発信されている彼のメッセージは、それが登校に結びつくような発言でない限り、意味のないノイズとして扱われ、取り上げられることがないのである。相談室では、このノイズを両親の記憶のなかから見つけ出し、それがどれほど大事なものであるのか、丁寧に伝えることに全力を尽くすのである。

Aくんの「自分で考えてみろよ！」という言葉の裏には、細かい情緒や感覚の機微があることを知ろうとしてくれ！という切実な願いがあったのかもしれない。

心のつらさは、自分の感性の目盛りの刻み方を理解され、その目盛りに合わせた反応が返ってきたときにやわらぐものだと思う。Aくんにとって、おとなしい女子と静かに好きな本や漫画について話しているときこそが安らぎのときだったのだろう。自分のことを理解してもらうというのは、自分が世界に対してもっている物差しの目盛りのありようを、そのままに受け取ってもらうということなのだ。

小学校も高学年になってくると、男子が女子と仲良く話していることをからかったり揶揄するような雰囲気が強くなる。直接、「ラブラブだ！」などとふざけてからかう子がいなくても、微細な感情の機微に敏感なAくんのような子にとっては、言語化以前の雰囲気でそれを感じとってつらくなることもある。またクラスの男子との感性の目盛りの刻み方の違いに気づかないふりをして必死で合わせていても、目盛りの大きな刻みの子たちとの関係では、常に心にかすり傷を負うことがあるのだ。それは特に思春期の入り口で起こりやすい。誰にも悪意がなくても、そこに居ることだけで心のかすり傷が重なってつらくなり、しばらくその場所から離れるしかない場合もある。そんなとき、子どもの心のつらさをやわらげるのは、身近にいる人がその子の心の目盛りの幅の細かさに心を沿わせることなのである。

この両親にとっては、「Aくんの不登校の原因は○○です。こうすれば登校できます」という大きな目盛りに合うアドバイスがもっとも心のつらさをやわらげるのだろうということはよくわかる。実際、そのようなアドバイスだけを期待される場合もある。原因をクリアにしたアドバイスが子どもにとってフィットする場合もなかにはあるだろう。だがそれが子どもにとって的外れである可能性もあるなかで、大きな目盛りでの判断はどこまでも慎重であることが求められる。そして自分自身が変わることを求められず、状況を外から操作する立場になることで解決していく方法を人はついつい求めてしまう。そのような操作によって解決しようとする大人側の態度は、どんなにうまく取りつくろっても、感受性の目盛りが細かい子には「大人が自分たちのつらさをなくすためにしていることだ」とすぐに見破られて、大人不信の元凶になってしまう危険もある。

この両親も、最初は自分たちの心のつらさを何とかしたい、そのためには息子に登校してもらうしかないと、ミラクルな解決を求めて来ておられたと思う。しかし、何度も何度も解決していかない不安と不満を語り、その不安や不満をもつこと自体は否定されず、少し違う角度からの考え方を提示されるという体験を繰り返すなかで、Aくんの目盛りの幅の細かさへ目を向けるようになっていかれた。まったく理解できないと思っていた息子の状況が、息子との感じ方の差に気づくことによって、少しずつ理解が深まっていくことがこの両親にとっては心のつらさがやわらいでいくことにつながっていったのである。

そしてAくんの場合、自分が夢中になれる本があるということが、自分の感覚に合うものがこの世に存在するという喜びにもつながっているとも考えられる（これがゲームである場合もある）。親からすると、どうしてそんなに夢中になれるのだろうというほどに子どもが夢中になっているものは、苦しい時期を乗り切るための同伴者であることもある。同伴者は生きている人間だけではないのである。

心のつらさは、それを「ないこと」にされるのが一番、つらい。「そんなことをつらいと感じるほうがおかしい」と、つい感じてしまうような子どもの言動に出会ったときにでも、すぐにそのつらさを「ないこと」にしないことが大切だ。自分の目盛りの幅では感じとれない細かな目盛りでこの子は生きているのかもしれない。この子のつらさのありようは今の自分には実感として感知することはできないけれど、つらいのは間違いないのだという気持ちで接してくれる大人の存在が、子どもの心のつらさをやわらげていくのである。

子どもが気持ちをうまく伝えられるようになるために何よりも必要なことは、まず子どもと関わる大人が自分自身の気持ちの動きに自覚的になることである。自分自身の気持ちの動きに対して感度のいい大人は、子どもの気持ちの動きにも敏感だ。そのような大人が、子どもの話に静かに耳を傾けるとき、子どもは人に気持ちをわかってもらう深い喜びを感じ、心のつらさがすっと溶けていく。そのような体験を子どもに与えることこそが、何よりも重要なことだろう。

（初出・二〇一八年八月）

第22章　人格の着ぐるみ

――ゆるくないキャラで学校を生きる――

〈着ぐるみ療法〉

ある懇親会を主催したとき、遠方からのお客さんに喜んでもらえるのではと、会場にご当地ゆるキャラを投入したことがある。実はそれまで、ふなっしーのように「中の人」との奇跡的なコラボが成り立っているゆるキャラ以外には、それほど存在意義を感じていなかった。しかし、もの言わぬゆるキャラ（鳥取県米子市のイメージキャラクター「ネギ太」と「ネギ子」、鳥取県のマスコットキャラクター「トリピー」だ。島根県の観光マスコットキャラクター「しまねっこ」は東京出張中でダメだった）がただほてほてと会場を歩き回っているだけでも、その異形感が、ある種の和やかな雰囲気をかもし出していて、お客さんたちにも喜んでもらえた。

その懇親会が終わったあと、着ぐるみの「中の人」になったひとりの学生がなんだかしみじみと放心していた。そして「なんか、みんながニコニコしながら近づいてきて、一緒に写真撮りたいって寄り添ったりするのって、良かったです……」と額の汗を拭っていた。

その学生は、人付き合いで構えてしまうことがあるという自分の傾向に自覚的だった。そして普段は少し斜に構えたところがあって、最初はゆるキャラ（なんか）の中の人になることにも抵抗があったようだった。ところが、その着ぐるみ体験は、「(いくら着ぐるみ越しとは言っても）あんな笑顔で大勢の人が自分に近づいてきてくれるのって、普通ではあり得ないことだから、嬉しかった」のだという。「ちょっと人生観変わったかも」という笑顔の彼と、引きこもる期間が長くなって人と会うのが怖くなっている人に、人気のゆるキャラの着ぐるみを着て人の笑顔に出会って慣れてもらうっていう「着ぐるみ療法」とか、案外いいかもね、と冗談交じりに話したことがあった。

〈キャラの崩壊と攻撃〉

さて、キャラである。思春期の人たちと話していると、「キャラがはっきりしていないと絡みづらいって言われる」「高校に入ったらキャラ替えしたい」「毒舌キャラを演じるのが疲れる」「やられキャラが定着したら、どんなに酷いことをされても言い返すことがキャラに合わないからできない」「不思議ちゃんキャラに安住していたけど、何だか自分が馬鹿になったような気がする」などという話はわんさか出てくる。スクールカウンセラーをしている方たちにとっては、お馴染みの話題だろう。

キャラは、もちろんまるごとの自分自身ではない。対外的に、その場ではこれが一番、妥当だろうという判断のもと、自分の一部をデフォルメした社会とのコネクタがキャラなのだ。今の子どもたちの日常のなかで、キャラは、いつもそこに同じようにあるものとして、何よりも安定感が望まれる。つまり人間関係のインフラのひとつなのだ。だからこそ、その場その場でそのキャラ設定が勝手に変わること（たとえそれが進歩や成長だとしても）は、決して望まれない。「やられキャラ」だった子が、そんな自分は嫌だと決意して、「そういうのはやめて」などと言おうものなら、予定調和を壊した（つまりインフラを破壊した）犯罪者のようにして断罪されることもある。

そういえば、有吉に「元気の押し売り」というあだ名をつけられていたほど、元気で明るく、優等生！というう影のないキャラが売りだったベッキーが大変なことになった。不倫報道によって常軌を逸したバッシングが起こり、ついに休業に追い込まれたのは、みなさんも嫌と言うほど耳にしておられるだろう。

もちろん、彼女はプロなので、「キャラ」が売り物になって、それでCM契約など莫大な経済が動いているというのはよくわかる。それは、教室内でのキャラの問題とはまったく別ものだ。でも、結局のところ、CM契約がすべて解約になったのも、休業に追い込まれたのも、マスコミがヒステリックに彼女の今までの「キャラ」の崩壊を断じ、それに過剰に乗っかる人たちがあまりに多かったからだろう。ここまでのバッシングに発展したのも、「友だちで押し通す予定！」という、彼女の「キャラ」には搭載されていなかったはずの「視聴者や企業を明るくちゃっかり元気に裏切る」というような機能が明るみに出されたからだろう（それと、彼女の穴を埋めるタレントを他の事務所が売り出すために、ことさらに彼女を貶める必要があるという市場原理も働いているに違いない）。

どんな裏の事情があるにしても、予定調和を壊されたと感じた人たちが、あそこまで残酷に面白半分に人を追い込むのだと思うと、こんな発散の仕方をしなくてはならない人たちが日々抱えているストレスにも気持ちがおよび、余計に心が冷える。

それにしても、ベッキー自身、もう三十歳を越えて、周囲が望む今のままの「キャラ」で押し通すことには限界を感じていたところもあったのではないだろうか。光を浴びた「キャラ」を期待され続けて、利権が絡む責任の重い立場を背負い続けた挙げ句、こんな谷底に落とされるような影が待っていたとは……と、ひとりの女性としてのベッキーのことを考えると、正直、非常に胸が痛む。この流れを見ながら、うわ……っ、クラスで今までのキャラを保てなくなった子が受ける壮絶なイジメと一緒だ……と、背中に冷たいものが流れた。

〈『野ブタ。をプロデュース』とキャラ〉

以前、『野ブタ。をプロデュース』という小説（白岩玄著、河出書房新社、二〇〇八）とドラマ（日本テレビ系列、二〇〇五年放送）が話題になったことがある。覚えておられる方もおられるだろう。この物語の主人公である高校生の桐谷修二はクラスの人気者だ。抜群の会話センスで教室中を楽しませる能力があるし、何をどうすれば人が喜ぶのかをよく知っている。みんなが憧れる人気者の彼だが、実は彼は自分が作り上げたキャラクターを完璧に演じていたのだ。朝、登校してきて教室に彼が足を一歩踏み入れた瞬間の描写がすごい。「いらっしゃいませ。本日も桐谷修二の着ぐるみショー、スタートです」という修二の独白で幕が開くのだ。そう。作り込んだ桐谷修二のキャラは着ぐるみなのだ。

この本が出版された当時、読売新聞の書評委員だった小泉今日子が実に深い考察を紙面で評していた。

「この小説には注意が必要だ。一件、楽しい青春小説のようだが、その楽しさ自体が着ぐるみショーで、閉じた幕の中にみんなが憧れる人気者の深い孤独が隠されている。油断していると案外残酷な結末に胸がぎゅっと締め付けられる。人生は過酷なのだ」

これがスーパーアイドルだったキョンキョンの文章だと思うと、なおのこと胸に響く。今のベッキーにも通じる孤独がそこにはあるように思う。

スクールカウンセラー先でも、「何の問題もなくみんなが楽しそうに過ごしているクラス」のはずなのに、何かと相談者が多いことがある。そういうクラスの相談者からは、この「キャラ」絡みの悩みが打ち明けられることが多い印象がある。そしてクラスの中心人物だった子が不登校になり、来談してくることもある。桐谷修二のように、クラスのムードメーカーでいることに自負があった子が、ちょっとした「キャラ」のほつれを目撃されたり指摘されたりしたことをきっかけに周囲から失望され、周囲から醒めた目つきで見られるようになってしまったことが苦しくてたまらず、それまでの適応がうそのように転がり落ちることもある。

「キャラ」という単調な人間に対しての切り口をお互いが共有して安心しあっているような集団は、例外を許さないので、ほんとうに薄氷を踏む想いでの日々を送っている子たちは多いのだ。「学校に行くだけで疲れる」と言う子や、学校ではものすごく感じの良い子が、家ではあり得ない不機嫌をまき散らしているのは、単に思春期心性が家で爆発しているからだけ……とは言えないものを感じる。

〈人格の着ぐるみとしてのキャラ〉

ところで、相談室には「コスプレ」が好きな子もよく来談する。コスプレが好きということを昼間の世界である教室内で曝露すると、かなり痛いキャラに認定される危険が高いので、ものわかっている子は、公にすることにはかなり慎重だ。正しいコスプレは、決められた場所で、決められた時間内にするものであり、公道をコスプレで歩くなどということは邪道らしい。「わかってない人が、コスプレイベントのかっこのままで道路を平気で歩いているのを見ると、殺意を覚える」と憎々しげに言った子もいる。つまり、まるで治療場面のように、限定した枠組みのなかで行われるものであり、日常とはフェーズが違うということをしっかり意識することが、コスプレをコスプレとして楽しむ上では大事なことなのだ。

冒頭の着ぐるみの件でいくと、めったに行われることのない大規模な懇親会という限られた場所と時間があったからこそ、そこに日常性を超える感覚が生じて、「人生観が変わったかも」などという言葉が出てきたのだろう。これから先、彼が着ぐるみを着るチャンスはきっとない。その一回性の特別感が、彼の気持ちの変化の裏にはあったのだと思う。

だから、桐谷修二のような着ぐるみとしてのキャラは、それが日常的になってしまった時点で、プラスの変化を促す機能はなくなってしまうのだ。

人格の着ぐるみとしてのキャラという視点で考えていくと、学校現場でよく問題になる「嘘ばかりつく子」の問題もこの流れで理解することができるのではないだろうか。嘘も一種のコスプレのような気がする。「家に有名人がよく来る」「兄と姉は海外に留学中」「家にはグランドピアノが三台ある」など、「嘘」のコスプレによってセレブな家の子になっている子がいる。こういう子が抱えている劣等感は、かなり強いものがある。テストの点数をかなり高く改ざんして親を騙そうとしたり、誤答を正答に直して、テストの点を上げるようにと先生に申告したりする子もいる（けっこう、いる）。

劣等感が強かったり、自分のことを好きになれないと感じていたりする子ほど、嘘によって別人になる人格のコスプレに強い快感を覚えるのだろう。嘘をついているその瞬間にだけ、「そうなりたかった自分」になれて、少しだけ、自分のことを好きになれる……というギリギリを生きている子も多いと感じている。

〈ネットのなかのもうひとりの自分〉

そして、キャラのことを人格の着ぐるみとかコスプレという視点でみると、一番、多いのは、ネットゲームのなかで別人のキャラになっている子たちではないだろうか。ネトゲ内での自分のキャラは、現実の自分よりもはるかにすばらしい能力をもっているし、ちょっと努力をしたら、簡単に成長してくれて、その成長ぶりが手に取るようにわかる。しかも、ルックスも自分のなりたい自分を選び放題であるし、人に優しくしたり、リーダーシップをとったりするチャンスもあるので、現実では味わえないような達成感をそこでは味わうことができる。

現実世界では、どう頑張っても「理想の自分」などに会うことなどできず、日々、自分に対しての幻滅と戦っているのがトラッドな思春期のあり方だ。ところが、近頃の思春期では、「理想の自分」をネットのなかに創り出すことが可能になっている。旧Twitter（現X）やInstagramで「リア充」である自分を演出することもできるし、ネトゲ内での「理想の自分」で「理想的な恋愛」をすることもできる。大人と比べると、思春期の子たちは、ネトゲで知り合って恋人になった人と実際に会おうとする確率は低い。旅費や距離の問題よりも、現実に会わない限り、「理想の自分」でいることができるからだ。

このようなネトゲに夢中になっている子たちと会うたびに、達成感とか自分に自信をもつことができるという快感は、人にとって何よりも大切なものなのだということを痛感する。その快感と同等の快感を、同等のスピード感で味わうことは、日常ではありえない。このゲームでの達成感は、ほんとうにカタルシスになる。それだけに日常に軸足を持てなくなったときには、この世界での達成感に入り込みたくなるのだろう。それは、ほんとうによくわかる。

現実生活のなかでの「キャラ」を演じることに倦んでいる子たちのなかには、現実はもうそこそこにしておいて、ネットのなかの理想的な自分のキャラで、達成感のあるもうひとつの人生を生きて行こうとしていることも多いように思う。着ぐるみとしての理想的な自分のキャラが、ネットのなかでどんどん生き生きとしていくのと並行して、現実での等身大の自分を見つめていくことは、より難しくなっていく。その乖離のなかで、何とか社会とコネクトしていくためのキャラ探しに余計に苦しむことになるのだろう……。

何だか暗い結末で申し訳ないが、何となく、最近はこんなことを考えている。

（初出・二〇一六年二月）

追　記

最近はVTuber（バーチャルYouTuber）について面接場面で聴くことが増えた。これはアニメに出てくるようなキャラの姿をしていてるアバターでYouTuberをしている人……と言ったらいいだろうか。顔や身体の動きをモーションキャプチャなどで取り込んで、キャラの動きをリアルタイムに反映させている。これぞデジタル着ぐるみだなと思う。

そして歌を歌ったりゲーム配信だけでなく、雑談を楽しみにしている子はけっこう多い。臨床場面で話題に出てくる人だからかもしれないが、VTuberのなかには、中学・高校と学校に馴染めなかったこととか、ひどいいじめに遭っていたことなど、思春期にとても苦しい想いをしていた人がけっこういるようだ。その人たちが、このようなデジタル着ぐるみを得たことで、自由に人と交流できたり自己表現ができたりすることが出来るようになっているのだ。臨床場面でのVTuberについての語りからは、もうひとつの現実をこのような形で生きている（しかも収入も得ている）人が存在することを知ることが、未来への希望につながっているのだなと感じる。

以前は声優がこういう存在だったなあ……と思う。そういえば、最近は以前に比べて声優になりたいという話をあまり聞かなくなったように思う。

第23章　マスクをすれば自分の部屋にいるような

――『輪るピングドラム』の生存戦略――

〈マスクの存在意義〉

最近、マスクをしている子が増えてきた（註・二〇一二年執筆当時）。インフルエンザや風邪が流行っているからとか、花粉症のためとかではない。そのような本来の理由以外でのマスク着用が増えてきているのである。

そんな子たちに「どうしたの？　風邪？　それとも花粉？」ときいたら、きっと「ああ……うん。まあ予防」などと答えるだろう。しかし本当のところは違う。こんな子たちのなかには顔や表情を見られるのが怖い子たちがけっこういるのだ。バッチリ、フルメイクをしないと外に出られないと訴えていた女子が、最近は学校に行くときにはすっぴんにマスクで行けるようになったと言う。マスクさえしていたら、それは「顔に服を着せているようなものだから大丈夫」なんだそうだ。

今回、論じてみたいのは、マスクをつけていると「表情を読まれないから助かる」とか、「マスクしてるだけで、ひとりで部屋にいる感じがして、ぼっち（ひとりぼっちのこと）でも少し楽」というようなことを言う子たちのことである。最近はどの季節にマスクをしていても奇異に思われなくなっている世の中の風潮があるが、そのことでずいぶん学校に居ることが楽になっている子たちもいるのだ。

〈ぼっちが怖い〉

最近の思春期の子たちの生きづらさというのは、数人のグループに仲間として属しているという結界がないと、大集団である学級なんぞには、怖くて入れないというところにある。「ぼっち」になるというのは、この子たちにとって最も怖ろしいことなのだ。

何を言ってるんだ、一匹オオカミなんてかっこいいじゃないかと思われる方もあるかもしれないが、今、学校現場では単独行動するオオカミは絶滅危惧種である。どんなに暴れているオオカミでも、必ず群れ行動をとっている。ひとりでいるのはかっこいいことではなく、誰からも選ばれていない残念な人ということになってしまうのだ。そして、ひとりでいる自分のことを人はきっと「誰からも選ばれてない人」と見ているのだと想像し、その想像で苦しんでいる子もいる。ひとりでいること自体が辛いのではなく、「イタイ人だと思われている」と感じるのがキツイのだ。

そのため、ひとりでいるところを見られたくないというのも、よく話に出てくる。たとえ普段は一緒にいてくれる友だちがいたとしても、その友だちとたまたま離れていてひとりでいるところを他者に見られたら、「ぼっち」だと思われてしまうのが怖いのである。このように、特に親しくもなければ、遠くもないという中間的な立場の人たちから、あの人は「ぼっち」ではないという、さりげない視線での「承認」を絶えず必要としているのである。ここに、新しい形での対人恐怖のありようを感じる。

これは「クラスメイト」という、運命的に同じ教室で過ごすことになった人たちとの間にかつては存在していたはずの共同体の感覚が存在しないか、薄くなっているためである。そのため、個人レベルで誰かに受け入れられているかどうかという問題が過酷なまでにクローズアップされてしまうのだ。そして、周囲からの視線で、一瞬のうちに受け入れられている人かどうかを査定されていることに、敏感になっている人が増えていると同時に、このようなことに敏感になっている人は、他者のことも同じように査定しているのである。

〈表情を読まれるのが怖い〉

さて、「ぼっち」にならないためには、クラスのなかで常に一緒に居てくれる「誰か」が必要だ。数人のグループで固まることによってクラスに居場所を作るのは、もはや女子だけの問題ではなく、男子も一緒である。第3章で草食系男子が増えていることについて『けいおん！』のなかに関係性を読み込む気配を感じる……などと書いたが、いやもうそれどころではなく、グループ内での葛藤やドロドロとした大変さは女子顔負けといった感じの男子グループも増えているのである。

そんな子たちのなかに、同じグループ内で力を持っている人に対して「表情を読まれないように」「表情を秘密にできるから」という理由でマスクを着用する子が男女ともにいるのである。普段はグループの権力者の話につまらなそうな顔をすることなど、あり得ないほどリスキーなことなので、頑張ってテンションをアゲアゲにしている。だけど、大きなマスクで表情が読み取れないようにしとくと、「ある程度、気を抜ける」らしい。

グループから排除されることとイコール、「ぼっち」になることとイコール、学級に居づらくなることと感じているから、そういう子たちは相当な緊張感をもって日々を過ごしている。自分の表情を「どう見られているか」常にモニターしながら、笑顔を作っている。ぎこちない笑顔になってはいないか、変な表情になってはいないか、と気になって仕方がない子たちにとって、マスクはありがたい防護壁になっているようだ。「ぼっち」でいる子にとっても、マスクで顔をほとんど隠すことで、教室と自分との間に隔壁を作り、自分の部屋にいるような感覚までもたせることができる優れものなのである。

〈『輪るピングドラム』から考える〉

さて読者のみなさんは、『輪るピングドラム』（幾原邦彦監督、毎日放送・TBS他、二〇一一年放送）というアニメをご存じだろうか。二〇一一年の七月から半年間、深夜に放送されたアニメである。私が住む田舎のほうでは、地上波では放映されていなかったが、動画配信などで見ているひとはけっこういた。これは、高校生が主人公であるが、かなり難解な謎解き部分もあるので、大人アニメという枠で捉えられていた部分もある。

これはざっくり言うと、愛を失った子どもたちが、生き延びるためにどういう闘いを必要としたのかという話である。自分をこの世界につなぎ止めるために、彼らは失われた愛を求め、それを可能にするために一冊の日記帳を手に入れようとする。その日記帳には運命を変える呪文が記されているからだ。その呪文を唱え、運命を変えることができたら、失われた愛を取り返すことができる。しかしその呪文を使うことは、同時に命に関わる代償を差し出すことにもなるのである。

シンプルに説明してしまったが、ストーリーは実はこんなに単純ではなく、非常に込み入った伏線が何重にも張り巡らされていて実に深読みの利くアニメなのである。しかしここでは、面接のなかで出てきた話題に限定して考えてみよう。それは、「きっと何者にもなれないお前たちに告げる」「生存戦略しましょうか」というこのアニメのキャッチフレーズのことである。

このキャッチフレーズはどうやら放送前からかなりネットでも話題になっていたらしい。マスクを手放せなくなっているある男子からは、「生存戦略しましょうかって、すっげーくる！（とても自分の胸に響いてくるという意味）」という話題が出ていた。このアニメの話をしたのは実はほんの数人なので、単なる印象に過ぎないが、中学生は「生存戦略」という言葉に惹かれ、二十歳過ぎのひきこもっているクライエントは「きっと何者にもなれない」というフレーズを自分に引きつけて考えていた。

「生存戦略」などという大仰な言葉がしっくりくるのは、「中二病」ゆえという部分もあるだろうが、彼らの人間関係維持の苦労を見聞きしていると、うーん、確かにこれはある意味、本当に「生存戦略」なのかもしれないなあと思う部分もある。このアニメのなかでは、親からの愛を失った子どもたちが、きょうだいでおままごとのようにして仲良く暮らしていること自体が大切な「生存戦略」だったと受け取れるようなシーンがある。

前章でも述べたが、今の思春期の子どもたちは、そこに所属していることイコールそこに居ることを認められているという、当たり前の前提の守りのようなものを学級のなかに感じることができにくくなっている。「同じクラスだと思うけど、よくわからない」「同じクラスかもしれないけど、知らない人」などという言葉が平然と出てくること自体、クラスに居るからといって、みんなに存在を認められているわけではないことが痛いほど伝わってくる。

それは、担任がどんなにクラスの絆を深めようとさまざまな努力をしたとしても、その努力が実らないことからも思われる。そのようなクラス全体の絆が育つような基盤自体が、なかなか存在しにくくなっているのである（もちろん、それが可能な学校も存在しているが）。

このような状況が、このアニメのなかでは、当然、子どもが育つ環境を提供してくれるはずの親が不在であるということとして現されているように思う。そして、親の愛も何もないそんな状況のなかで「生存戦略」しようとすると、子どもは、自分たち同士の人間関係でお互いを守り合うためのコロニーを作っていくしかないのだ。アニメのなかでは、きょうだいで（しかも、血のつながりはない！）おままごとのようにして愛情を抱き合って暮らしている。このような関係こそが「生存戦略」のためには必須なのである。

思春期の子どもたちが学校のなかでの「生存戦略」のために必死で作る人間関係のなかには、このアニメのように愛に満ちたものは多くない。しかし大きな守りの枠組みがないとき、そのなかで生き延びるための構造として、何となくダブらせて考えることができるような気がする。クラスのなかに居場所を作るために、グループ内での人間関係にエネルギーを注ぎ込むことは、今や「生存戦略」のためには必要不可欠になっている部分もあるのだ。

〈彼らの生存戦略〉

以前は、あまりに共同体の縛りがきつく、近所の目やら何やらでがんじがらめにされているなかで苦しんでいる人たちが心理療法の場にやってこられることが多かった。もちろん、地域柄、今でもそういう人たちもおられるし、思春期の子でも、学校の枠組みと自分が合わないのが苦しいと来談してくる子もいる。しかし、そういう子たちは自分を表現する言葉や、何らかの表現方法（箱庭や描画や夢など）を持っていることが多い。つまり、本人は葛藤があるし、自分が困っているということに自覚的だし、象徴化することも可能だし、トラッドな心理療法でのスタンスで会うことが可能なのである。

ところが、今は、近所にどんな人たちが住んでいるのかも定かでない地域もある。そうすると、その人たちは共同体の縛りなど存在しないも同然で暮らしている。そういう人たちが多い地域の学校は、学校の枠組みもややゆるめのような印象がある。移動教室が多く、自分の席という定点も定かではなく、休み時間も自由に他の教室と行き来していいようなルールになっている。そういうところのほうが、上記のような「生存戦略」のコロニーを作るための人間関係のストレスが大きいように思う。しかし、思春期の彼らはそんなことを意識しながらしているわけではない。ただ、何となく学校に来るだけで、すごく、疲れているのである。そして、どうして自分がこんなに疲れるのか、これは悩みなのか、何なのかもはっきりしない。不調を訴えるからスクールカウンセラーにという流れになったとしても、ひたすらグループ内の人間関係の話題に終始するような面接が続くことが多いのである。

そんな子たちがほっとするアイテムとして、自分の表情を隠すためのマスクが活躍しているというのは、何とも言えない。風邪のウイルスよりも、花粉よりも自分を苦しめるクラスの「空気」から、マスクは彼らを守ってくれるのだろう。

（初出・二〇一二年二月）

追　記

『輪るピングドラム』が放送されていたのは、二〇一一年だったが、劇場アニメが前後編として二〇二二年に公開された。やはりこのアニメは名作だったのだな……と思うと同時に、「きっと何者にもなれないお前たちに告げる」「生存戦略」というワードを十年以上たってからまた面接室で聴くことになったのも感慨深い。

コロナ禍によってマスクはみんなが強制的につけなくてはならないものになった。そのことによって、外に出るときにはマスクが必須だったひとたちの心理的なハードルはぐっと下がった。そしてオンラインや密を避けることなどによって、関係を直にとらずに済むことによってものすごく気持ちが楽になったという子たちもけっこういた。そしてマスクをとってもいいよという状況になっても決してとらない人たちも多い。「なんでマスクしているのって訊かれなくなって楽」と、長年、マスクをしていた人たちは言う。またコロナ禍のマスクによって、表情を読まれないことの楽さと自由さに目覚めた人たちも、マスクがとれなくなっている。

13章、14章で書いたような子どもたちをめぐる状況は、今も変わらない。というか、もっと進んできているように思う。思春期の子どもたちが置かれている背景について知る努力をしなくては、彼らのことはなかなか理解しがたくなっている。彼らの必死の「生存戦略」が、不可解な行動になっている可能性も高い。

第24章　思春期と喪失

――『海のトリトン』から考える――

〈変化することは今までの自分を失うこと〉

思春期は、喪失の時期でもある。

中年期ならば老人になっていくということに向き合わねばならないから、喪失感と向かい合う時期だということはわかるけれど、どうしてどんどん得るものが多い成長の最中の思春期に喪失？と思われた方もあるかもしれない。しかし「成長する」とか「進歩する」ということを含め、変化していくということは、言い方を変えるとそれまでの状態が終わるということである。「終わる」ということは、失うことであり、象徴的な意味で「死」を迎えるということなのだ。「成長」といった変化の肯定的な部分に目を奪われているときには「死」のイメージは意識されることはほとんどない。でも成長の途上で「つまずき」が起こったとき、この「死」のイメージはふっと顔を出してくる。思春期の裏側には、「死」の側面がいつも貼り付いているのである。

さて、いきなり「死」だの何だのとディープな切り口になってしまったが、思春期の「喪失感」について考えてみたい。

大昔に放映された『海のトリトン』（手塚治虫原作、富野喜幸監督、一九七二年公開）というアニメをご存じの方は読者のなかにどれほどおられるだろうか。何度も再放送を重ねているので見たことあるなとおぼろげな記憶をお持ちの方もあるだろう。何を今さらこんな古いアニメの話を持ち出すのかというと、この作品の最終回は、お茶の間（死語ですね）で無邪気に楽しんで見ていた当時の子どもたちのこころに、強烈な「喪失感」という深手を与えた希有な作品だからである（この『海のトリトン』の総監督は、のちに不朽の名作である『機動戦士ガンダム』シリーズを制作した富野由悠季である）。当然、なかにはこの最終回を見て「何これ。変な終わり方」としか思わなかった子どもも多かっただろう。しかし、小学校高学年から中学生という年頃でこの作品を見ていた熱心な視聴者のなかには、最終回で強い衝撃を受けた人はけっこういたのである。そしてこの最終回で、徹底的に打ちのめされた「熱心な視聴者」のなかに、実は私もしっかりと含まれている。なので、一度、このアニメのもつ思春期的な意味について考えておきたいと以前から思っていたのである。どうぞおつきあいください。

ではこのアニメの概要を紹介しながら、思春期における「喪失感」について考えていこう。

〈「子ども」からの旅立ち〉

トリトンは岬で拾われた赤ん坊だった。拾ってくれた漁師の一平じいちゃんにかわいがられて育てられるが、緑の髪をしていることから得体の知れない不吉な子として、村人からも、子どもたちからも疎外されていた。

そして十三歳になったある日、言葉を伝えてくる白いイルカ、ルカーに出会う。ルカーは、トリトンは人間ではなく、海人トリトン族の最後の生き残りであること、そして七つの海を支配し暴虐の限りを尽くすポセイドン族と戦う運命にあることを告げる。トリトンはイルカの言葉がわかること自体に狼狽してその言葉を信じようとしなかったが、やがてトリトンを発見したポセイドン族の尖兵が漁村を襲ってくる。トリトンは自分がここに居てはいけないと追い詰められ、ルカーのもとへと急ぐ。そしてトリトン族の衣装と宝物「オリハルコンの短剣」、そして両親の言葉が吹き込まれた記録媒体であるホラ貝を発見する。さまざまな証拠物件から、ルカーのいうことが真実なのだからトリトン族の生き残りとしての自分の運命を引き受けようとする一方で、人間として育った一三年間を想うとどうしてもそれが納得できないのだった。トリトンは「やっぱり陸に帰る！自分は人間だ！」とルカーを困らせたり、村の子どもたちと笑っている一平じいちゃんを遠くから見て、もう陸には自分の居場所がないと落ち込んで号泣したり、ポセイドン族の攻撃をオリハルコンの剣の輝きでかわし、その剣の威力に有頂天になったりと、感情の波の大きさに合わせてその言動も両極に振り切れる。この年齢の男の子の無尽蔵のパワーと、その対局にある精神的な脆さが交互に炸裂するのだ（こんな男子は、今も中学校でたくさん出会う）。そしてその両極を行ったり来たりするなかで、彼はトリトン族の他の生き残りを探すため、そして父母の仇であるポセイドン族を倒すためにやはり自分は海に行くしかないと決意をするのである。

と、ここまでが確か、最初の四回目くらいまでのストーリーだったと思う。自分はいったい何者なのかという問いへの答えが海の世界にある限り、少年トリトンは旅立つしかないのである。自分とは何なのかという問いに向かうテーマは、思春期ものの王道だ。そしてこの作品は、思春期の影の部分を扱っているという面では先駆的なものだったと思う。希望と冒険心に満ちた船出というようなものではまったくないという屈託が、最初からこの作品には満ちていたのである。

思春期に入るというのは、それまで自分が育った場所から、（心理的な意味で）一歩外へ踏み出すということである。身体は日常生活のなかにおいたまま、心は未知の大海への冒険に出発しなくてはならない。自立を目指して成長するためには、今までの守られるべき子どもとしての場所から否応なく旅立たねばならないのだ。しかしその旅立ちはなかなか困難なもので、進んだと思ったらまたダッシュで引き返すという両極を行ったり来たりするものであるということが、この作品では丁寧に（見ていていじいじするほどの踏ん切りの悪さで）描かれている。

トリトンは、異質だからといじめられ、共同体からも疎外されて生きていた。そんな子ども時代だったのならば、もっとすっきりと陸での自分を捨て、一族の生き残りという最重要人物として明るく海へ出発したらいいのにと考えたくなる。しかし、無力な子どもとしての自分と別れるということは、いくらそれが辛い想い出に縁取られていることであっても、子どもとしての「死」を意識しなくてはならない苦しみにつながる。だから、どんなに自分のすべきことがわかっていたとしても、言動は揺れに揺れ、時にまるで全速力で後退しているかのような振る舞いにもなってしまうものなのだ。

〈異性との出会い〉

トリトンは、ポセイドン族を倒すための旅の途中でピピというトリトン族の女の子と巡りあう。ピピは人魚だった。トリトンは、自分は人間であるというアイデンティティが強かったので、トリトン族の女性が人魚だということに強いショックを受ける。このトリトンの様子からは、男子にとって「異性」としての女子との出会いは、自分とはまったく異質な存在（人間と人魚くらい違うもの）として感じられることもあるのだと思わされる。ほんとうの意味で相手を大切にしたり思いやったりする気持ちになるのには相当なプロセスが必要になってくる（この作品のなかでもそのあたりは細やかに描かれている）。

またピピは最初からトリトンを敵視していた。王子さまがやってきた！というようなポジティヴな展開は皆無なのだ。ピピは気が強く、トリトンと仲良くしようとしないばかりか、逆にトリトンを陥れて危険な目に遭わせたりもする（ひどい！）。その後、ピピの周囲のアザラシたちはみな、ポセイドン族に殺されてしまう。ピピにしてみると、北の海で親きょうだい代わりのアザラシたちに囲まれて幸せな子どもとして暮らしていたのに、トリトンがやってきたために（ほんとうはそうではないのだが）、仲間が全員殺されてしまったという体験になってしまっている。そのため怒りの矛先はすべて、自分の世界に勝手に入ってきた侵入者としてのトリトンに向かっていく。

女の子が、異性を初めてほんとうに意識し始めるとき、わくわくドキドキの「恋バナ」的な要素で感情のプラス面が主として表に出てくる子もいれば、今までにない自分自身の心の持ちように混乱して、違和感と不快感に襲われて感情が不安定になる子もいるのである。ほんとうは自分のほうが相手に対して心が動き、強い関心を持っているのに、そんなふうに自分の気持ちをかき乱す男性イメージ自体を嫌悪し、その感覚を侵入と感じるのだ。お花畑に囲まれた今までの自分の穏やかな世界に、いきなりずかずかと踏み込んできて場を荒らすようなイメージとして、男性イメージの侵入を感じ、その不快感とともに思春期が始まる女子も少なくない。そして、不機嫌や感情的な反発という形をとって自分の平穏な意識をかき乱されないように防御するのだが、ピピにも似たような心の動きがあったのかもしれない。

物語はピピとトリトンとの仲がどうなっていくのかという展開はあくまでも複線でしかなく、それよりもポセイドン族との戦いのほうがメインとなって進んでいく。このあたりは、ポセイドンという敵と戦い続けて行く勇者としてトリトンが成長していくのに共感しながら見ることができる展開になっている。トリトンは戦いを重ねるなかで、どんどん成長していく。敵という明らかに倒すべき相手がシンプルに存在するときほど、成長のプロセスがわかりやすいことはない。男の子の成長は敵と戦ってどんどん強くなっていくという図式で表されるときに、もっとも共感を呼びやすい（だから、男子が好むマンガや物語はこのパターンのものが多い）。

しかしその戦いの影では、犠牲となって死んでいく仲間達がいたり、ポセイドン族のなかにもトリトンに助言をし、その挙げ句、仲間に殺されてしまうヘプタポーダという女性がいたりと、成長の裏での「死」もあますところなく描かれている。

〈「正しい自分」の喪失〉

さて、いよいよその強烈な最終回へと話題を進めよう。

何度も死にかけるような戦いを続けた苦難の旅の果てに、トリトンはやっとでポセイドン族の本拠地へと乗り込んだ。そこでトリトンの両親を殺したというゲルペスを倒し、親の仇をとったのである。さあ残るはラスボスのポセイドンを倒すのみだ。

トリトンは海底の神殿に進み、巨大なポセイドン像（トリトンはこの像をポセイドン本体だと思っていた）に近づいていく。すると、その像はトリトンに剣をしまってくれと懇願してくる。だが敵の頼みなど聞くわけがない。すると、剣の発する光に反応してポセイドン像が動き、暴れ始めた。思わずトリトンは剣を鞘に収める。と同時にポセイドンの像の動きがぴったりと止まるのだった。このポセイドン像はオリハルコンの光に反応する単なるつくりものだ。トリトンは声の主を探し回る。するとポセイドンの像があった海底にぽっかりと巨大な穴が空いているのを発見する。

驚いたことに、その穴のなかには地下都市があった。まるでついさっきまで生活していたかのような様子で、至る所で人々が死んでいた。生きている人はひとりもいない。なかには子供を抱いた女性の姿もあった。そしてどこからともなく「これがお前の冒した罪だ！」というポセイドン像の声が聞こえてくる。声のする方にいくと、そこには金色に輝く法螺貝があり、その前には腰掛けたまま死んでいるポセイドン族の長老らしき老人の姿があった。オリハルコンの剣の光に反応して、法螺貝はトリトンの問いに答える仕組みになっているらしい。法螺貝が答えた話はこのようなものだった。

トリトン族とポセイドン族はともにアトランティス大陸に住んでいた人々であった。そしてポセイドン族はアトランティス人によってポセイドンの神像の人身御供として捧げられた人々だったのである。彼らが生き残れたのはオリハルコンのエネルギーのおかげだった。ポセイドンの像はプラスのオリハルコンで造られた像だったのだ。そのオリハルコンの光を太陽として、海底で人々は地下都市を造り、細々と暮らしていたのだった。そしてトリトン族はマイナスのエネルギーのオリハルコンの剣をもって外海へ出て生き延びた人々だった。トリトン族のオリハルコンの短剣には、ポセイドン族の生命の源であるポセイドン像を引き寄せてしまう磁力のような力が存在していた。ポセイドン像が動いてしまうと、自分たちは太陽を失うことになり、滅びてしまう。だからトリトン族のオリハルコンの短剣をポセイドン像に近づけないために彼らは戦闘要員を送り出し、戦っていたのである。

トリトンはもちろん何も知らなかった。ポセイドン族のほうにそんなに悲しくて辛い歴史と事情があることなど、知るよしもなかったのである。しかし法螺貝からの声は執拗にトリトンを責める。「やっと生き延びた一万人足らずの我々を殺すためにお前は戦った。」「ポセイドンの像を動かしたのもトリトン、お前だ！」「我らポセイドン族をすべて殺したのもトリトン、お前だ！」「像を倒さぬ限り世界が破壊されるようにしたのもトリトン、お前だ！」「このような破壊的な事態を引き起こしたのはトリトン、お前だ！」と……。混乱し、たまらなくなったトリトンは、「ちがう！　みんなポセイドンが悪いんだ！」と叫ぶ。そこに、オリハルコンの剣によって引きつけられたポセイドン像が近づいてくる。トリトンは最後の力を振り絞ってオリハルコンを輝かせ、ポセイドン像に剣を突き立てる。するとオリハルコンのプラスとマイナスの力がぶつかり合い、像は崩れていく。そしてほどなく海底火山の大爆発が誘発され、ポセイドン族の基地は跡形もなく吹き飛んだのだった。トリトンたちは、その爆発から逃げ出し、海上に出ていた。トリトンの腰にはもうオリハルコンの剣はない。ポセイドン像とともに破壊されてしまったのだ。そこでナレーションが入る。「そして少年はまた旅立つ……」と。これで、物語は完結するのである。

〈喪失のその後にあるもの〉

当時、小学校六年生だった私は、この最終回に呆然としてしまった。トリトンが今までしていたことは何だったの？　正しいことじゃなかったの？　これからトリトンはどう生きていけばいいの？と怒濤のような疑問と今まで感じたことがないような複雑な感情が襲ってきたのである。勧善懲悪のシンプルな世界観のなかで生きていた子どもとしての自分が死んだくらいの衝撃だった。悪もまた自分の身の内にあるものなのだという強烈な実感を、この作品で深く刻印されたのである。正直、気持ちがいっぱいいっぱいになり、高い熱が出て、数日、学校を休んだのを覚えている。思春期の感受性というのはそういうものだろう。

自分のしていることを相対化する視点を持つというのは、シンプルな世界観で生きてきた自分を失うということでもある。敵だと信じて戦ってきた相手は、オリハルコンという超常的なエネルギーのプラスとマイナスを受け持つ光と影の存在だったのだ。オリハルコンの剣という正義を勝ち取るはずの武器が、実は「マイナス」のエネルギーで作られていたというのも、意味深い。

オリハルコンの剣のすべてを焼き尽くすエネルギーは、まるで思春期のエネルギーそのもののようだ。その剣を失い、戦う敵を外に見つけることができなくなり、背負いきれないほどの深い罪悪感を抱えて生きていくことになるトリトンは、思春期の喪失そのものを示すアイコンのように思える。

最後に、トリトンが静かに髪をかき上げ、自分の腰にそっと手をやり、そこにオリハルコンの剣がないことを確かめ、黙って前を向くシーンがある。無尽蔵で無反省な思春期のエネルギーを失ったあとの喪失感のなかで、自分を立て直していくという、ほんとうの思春期テーマがそこから始まるのである。

（初出・二〇一三年一二月）

追記

ああ……また、『海のトリトン』のことを書いてしまった。拙書『好きなのにはワケがある――宮崎アニメと思春期のこころ』（ちくまプリマー新書、二〇一三）の「はじめに」でも、この作品について熱く語ったが、この本の締めでも、どうしても自分にとっての思春期の原点を押さえたくなった。

『海のトリトン』で描かれていたような世界観は、今やほとんどすべてのアニメで描かれており、勧善懲悪のシンプルな物語はほんとうに見なくなった。勧善懲悪という安心安全な物語の代わりに、日常系と言われるような物語が増えてきているのかもしれない。

おわりに

「特性」という言葉が、クライエント理解のためのひとつの共通言語として学校現場や臨床場面で日常的に使われるようになった。その人が生まれながらに持っている特別な性質や傾向というような意味で、本人の意志や努力で変えたりできないありようを説明するときによく使われる。

一方で、この本のタイトルにある「思春期心性」という言葉の意味を考えると、「思春期という時期に特徴的なこころの特性」と言うことができるだろう。「特性」は「特性」でも、「思春期心性」は思春期という時期の限定的なものとして長く使われてきた用語である。つまり本来の意味であれば、この「思春期心性」は、年齢的に第二次性徴の時期の人たちを中心とした特徴的なこころのありようを示していると言える。

しかし、本文のなかでも繰り返し触れてきたように、今、この「思春期心性」が全年齢に幅広く見られるようになっている。だから、この本は思春期ど真ん中の人たちのことについて記しているように見えながらも、現代を生きるすべての年代の人たちのこころのなかに幅広く存在している可能性があるこころの特性について、思春期という切り口から論じる試みにもなっている。

その背景には、あまりにも社会の変化が激しいということが考えられる。ＩＴ関係の発展について、犬の一年は、人間の七年に当たるということから、七倍の速さで進むとしてドッグイヤーと言われていた。その後、犬に輪をかけて速い時間感覚で生きているネズミになぞらえて、一年が十八年分になるマウスイヤーという言葉も、江戸三百年を二十年で駆け抜けているという言葉も耳にしたことがある。

このような表現に示されるように、常に激しい変化のなかで今を生きている私たちのこころは、「思春期」という内的にも外的にも激しい変化を生きている時期のこころの特性とシンクロする部分があるのではないだろうか。私たちは、思春期を終えた挙げ句の大人という到達点が見えないなかで、永遠の思春期を生きている部分があるように思う。

「思春期」は、この変化の激しさゆえに、さまざまな精神的な不調の好発期にもなっている。そういうマイナス面も、全年代に広がってきている一方で、好きなものに夢中になるという思春期の傾向も全年代に広がってきているのだと思う。それが、本文のなかで扱っているようなさまざまなサブカルチャーに対する関心や「推し活」として活性化しているのだろう。

また、社会の変化のなかで、「場」によって規定される共同体が弱くなっていることについても触れたが、それと地域の伝統行事やお祭りや、家庭でのお盆やお正月の行事などという、「場」を中心とした宗教的な情緒に触れる体験が少なくなってきていることと、サブカルチャーや「推し活」の隆盛とは関係が深いと思う。

釈徹宗著『落語に花咲く仏教』（朝日選書、二〇一七年）では、現代における宗教性について、「近景」「中景」「遠景」に分けて考えてみるという視点が示されている。「近景」の問題は自分や家族の問題で、「中景」が地域の文化や行為様式、「遠景」が神仏や異界などの聖性につながるものと考えてはどうだろうかと提示している。

そして、地域の文化や行為様式である「中景」がとても今は弱くなっているため、「近景」（自分の問題）と「遠景」（神仏や異界）が直結しやすくなってしまうのではないかという指摘があった。このことから、自分の個人的な問題が世界の存亡に関わるとか、自分の心の揺れがそのまま世界の崩壊につながるみたいな「セカイ系」と言われるようなマンガやアニメは、「近景」と「遠景」が直結してしまう感じを表現しているのだろうな、と思う。

そして釈（二〇一七）は、現代ではサブカルがこの「中景」を担っているのではないかという重要な指摘もしている。つまりマンガやアニメから発展したオタク文化やサブカルは、現代から失われている「中景」、つまり地域の文化や行為様式を担おうとするムーヴメントでもあるのではないかということだ。この指摘には抜けるほど膝を打った。

超暑いときと超寒いときしか開催されないコミケ（オタクの祭典、コミックマーケット）には、何十万人という人たちが集まるし、劇場や音楽フェスには以前よりもずっと大勢の人たちが足を運ぶようになっている。それは、きっとそういう熱意をもって集まる伝統行事やお祭りが地域から徐々に失われてきているため、その代わりになっている部分もあるのではないだろうか。

そしてたとえばコミケでは、行列をスムーズに誘導するために、手を上げて移動するようにするとか、その他にも参加するためのさまざまな細かい行為様式があって、それを守ることが求められている。住んでいる場所に規定された「中景」としての文化や行為様式は共同体の弱まりとともになくなってきたけれど、そのかわりに、好きなものを中心として集まっているつながりの中では、その集団の文化を守るために、さまざまな行為様式を定めようとする動きが生きているのを感じる（それと同時に、排他的にもなるという副作用もしっかりあるが……）。

ところで「推し活」のことを表す用語には、なぜか宗教的なネーミングが多い。これも、「遠景（神仏や異界)」と「近景」をつなぐ「中景」として「推し活」が存在していると考えると、納得がいく。「推し」を応援するために、「推し」のことを周囲の人たちに紹介していくことは「布教活動」だし、「推し」が出演した場所や、作品のモデルになったロケ地に行くことは「聖地巡礼」である。また「推し」のグッズを収納する棚のことは「祭壇」だし、「推し」の歌詞を書き写すことは「写経」である。また「推し」の出て来る特定のシーンを、自分のイメージで描いてネットに投稿するファンアートを「宗教画」と言うこともあるらしい。

自分自身が目に見えるこの日常だけではなく、「異界」を含んだ世界との関係性とのなかに含まれて生きているという実感を得るためには、このような宗教的情緒の存在が不可欠である。だからこのような宗教的なニュアンスがサブカルやエンターテイメントの推し活のなかで必要になっているのではないだろうか。

「推し」はアイドルなどの芸能関係や二次元や三次元動画であるなど、どんなに身近に感じていたとしても、ある意味、「異界」の存在である。「推し」との恋愛関係を望むことが基本的にはないのも（「ガチ恋」というのももちろんあるし、それを煽るようなビジネスモデルもあり、それによる被害などもあるが）、引退して「ただの人」になったら推すことができないのも、存在感が日常的な関係性のみになると何かが違ってしまうからなのだと考えると、納得できる。

そして「推し」という自分にとって特別感のある「異界」の存在のありようを、日々、想像力を駆使して解釈したり、その存在を感じたりすることがこの世界で自分が生きているという実感を得ることになっていく場合もある。こう考えると「推し活」をすることは、「異界」と「日常」をつなぐ日々の営みのなかで現代の宗教的情緒を育んでいる行為だと言えるのではないだろうか。面接場面で聴く「推し活」の様子が、深く心に響いてくることがあるのは、そのクライエントにとって、生きている実感を得るための切実なムーブメントでもあるからなのだろうと思う。

この元になった原稿の連載時、常に締め切りギリギリになって、もうダメかも……と毎回、思うなかで書き続けることが出来たのも、当時、担当していただいていた山内俊介さんのおかげです。かなりマニアックなことを書いてしまったかなと思っても、それを上回るエッジの効いたコメントを返してくださってとても嬉しかったです。ありがとうございました。

そして、今回、これを著作としてまとめるにあたっては、塩澤明子さんにとってもお世話になりました。すべての章について、二十代の働く女性として生きておられる立場から丁寧でビビッドな感想をいただけたこと、どれほど心強かったか。自分事として読んでいただけている読者がここにいる！！という実感を持たせていただけたこと、こころから感謝しています。ありがとうございました。

また、島根大学の臨床スタッフのみなさんには、日々、あれこれと支えていただきほんとうに感謝しています。その温かい支えがなければ、相談センターでの臨床も大学教員としても、私はまったく機能できませんでした。ありがとうございました。

「思春期心性」と「サブカルチャー」という切り口ではとても記せない苦難のプロセスをご一緒させていただいているクライエントさんとの臨床がなければ得られなかった視点も、この本のなかにはあります。お会いしていた、そして今もお会いしているすべてのクライエントさんに、こころからの感謝をお伝えして、締めの言葉にしたいと思います。ほんとうに、ほんとうに、ありがとうございました。

二〇二四年九月　**岩宮恵子**

初出一覧

第1章　魔法少女の破壊力――誰かの幸せを祈ったはずなのに、誰かを呪わずにいられない――（初出：『子どもの心と学校臨床』第7号，pp.103-108.）

第2章　残酷だけど、泣ける――ひぐらしのなく頃に――（初出:『子どもの心と学校臨床』第1号，pp.101-105.）

第3章　十歳前後の草食・肉食期？――『けいおん！』のキャラと関係性――（初出：『子どもの心と学校臨床』第2号，pp.101-105.）

第4章　思春期の恋バナ（初出：『児童心理』2011年10月号，pp. 117-123.）

第5章　恋バナ・BL・関係性――フツ―の子の腐女子化とその変容――（初出：『子どもの心と学校臨床』第11号，pp. 85-89.）

第6章　「子どものこころに寄り添う」とは（初出:『児童心理』2011年5月号, pp. 1-12.）

第7章　なぜ人は心を閉ざすのか（初出：『児童心理』2014年7月号，pp. 12-18.）

第8章　鏡の中の思春期　その1――『ハウルの動く城』の美と醜――（初出:『子どもの心と学校臨床』第3号，pp.111-115.）

第9章　鏡のなかの思春期　その2（初出:『児童心理』2011年12月号, pp. 116-122.）

第10章　協調と競合のアイドル――嵐はシシュンキを変えうるか？――（初出：『子どもの心と学校臨床』第4号，pp. 107-112.）

第11章　推しメンができるという社会性の獲得（初出：『子どもの心と学校臨床』第8号，pp. 128-133.）

第12章　女子から見た「暴力」の魅力――不良系男子と優等生系女子――（初出：『子どもの心と学校臨床』第5号，pp.99-103.）

第13章　時間に追われる子どもたち――クロノスとカイロス――（初出：『児童心理』2015年6月号，pp. 26-32.）

第14章　人間関係の失敗に敏感すぎる子どもたち（初出：『児童心理』2017年11月号，pp. 11-17.）

第15章　壇蜜とマツコ・デラックス――彼女たちの共通項――（初出：『子どもの心と学校臨床』第10号，pp. 91-95.）

第16章　季節はずれの思春期――ミタさん的家族の成長――（初出：『子どもの心と学校臨床』第11号，pp. 111-116.）

第17章　今、ここに生きる「私」はどこまでも拡散していく――SNS時代の青春――（初出：『子どもの心と学校臨床』第15号，pp.87-91）

第18章　「秘密」と「うそ」の裏側にあるもの（初出：『児童心理』2012年2月号，pp.115-121.）

第19章　異界とムスビ――新海誠『君の名は。』にはまる――（初出：『子どもの心と学校臨床』第16号，pp. 113-118.）

第20章　異性装のイメ―ジ喚起力――欅坂のてちとマツコ・デラックス――（初出：『子どもの心と学校臨床』第19号，pp.87-92.）

第21章　心のつらさはどのようにしてやわらぐのか（初出：『児童心理』2018年8月号，pp. 19-26.）

第22章　人格の着ぐるみ――ゆるくないキャラで学校を生きる――（初出：『子どもの心と学校臨床』第14号，pp. 93-97.）

第23章　マスクをすれば自分の部屋にいるような――『輪るピングドラム』の生存戦略――（初出：『子どもの心と学校臨床』第6号，pp.110-114.）

第24章　思春期と喪失――「海のトリトン」から考える（初出：『好きなのにはワケがある――宮崎アニメと思春期のこころ』（筑摩書房，2013年，pp. 7-27）から抜粋と改変）

著者略歴

岩宮恵子（いわみや・けいこ）
鳥取県米子市生まれ
臨床心理士・公認心理師
聖心女子大学文学部卒業後，鳥取大学医学部精神神経科研究生を経て 2001 年島根大学教育学部准教授。2006 年同教授。
2017 年より島根大学人間科学部開設に伴い同学部心理学コース教授。
島根大学こころとそだちの相談センター長兼務。
1995 年よりスクールカウンセラーとして小・中・高校に派遣される（現在に至る）。
京都大学　博士（教育学）

主な著書

『生きにくい子どもたち―カウンセリング日誌から』（単著, 岩波書店, 2009 年）
『フツーの子の思春期―心理療法の現場から』（単著，岩波書店，2009 年）
『好きなのにはワケがある！―宮崎アニメと思春期のこころ』（単著，筑摩書房，2013 年）
『思春期をめぐる冒険―心理療法と村上春樹の世界　増補版』（単著，創元社，2016 年）ほか多数

思春期心性《ししゅんきしんせい》とサブカルチャー

現代の臨床現場から見えてくるもの

2024 年 10 月 20 日　第 1 刷
2024 年 12 月 15 日　第 3 刷

著　者　岩宮恵子《いわみやけいこ》
発行人　山内俊介
発行所　遠見書房

〒 181-0001 東京都三鷹市井の頭 2-28-16
株式会社　遠見書房
TEL 0422-26-6711　FAX 050-3488-3894
tomi@tomishobo.com　http://tomishobo.com
遠見書房の書店　https://tomishobo.stores.jp

印刷・製本　太平印刷社

ISBN978-4-86616-208-9　C0011